英国农业绿色发展与展望

Green Development and Prospects of British Agriculture

张宏斌 李润枝 王 利 主编

中国农业出版社

北 京

图书在版编目（CIP）数据

英国农业绿色发展与展望 / 张宏斌，李润枝，王利
主编 . —北京：中国农业出版社，2023.11
　　ISBN 978-7-109-30868-8

　　Ⅰ.①英… 　Ⅱ.①张… ②李… ③王… 　Ⅲ.①绿色农
业—农业发展—研究—英国 　Ⅳ.①F356.13

中国国家版本馆 CIP 数据核字（2023）第 121849 号

YINGGUO NONGYE LÜSE FAZHAN YU ZHANWANG

中国农业出版社出版
地址：北京市朝阳区麦子店街 18 号楼
邮编：100125
责任编辑：贾　彬　文字编辑：戈晓伟
版式设计：杨　婧　责任校对：吴丽婷
印刷：三河市国英印务有限公司
版次：2023 年 11 月第 1 版
印次：2023 年 11 月河北第 1 次印刷
发行：新华书店北京发行所
开本：700mm×1000mm　1/16
印张：7.75
字数：147 千字
定价：48.00 元

编　委　会

前 言

　　农业绿色发展是当前人类面对全球人口增长、资源短缺、环境恶化以及气候变化等各种挑战时，在发展方式和发展道路上所做出的重大选择。随着经济的繁荣与社会的进步，农业绿色发展理念已经得到越来越广泛的认同，并率先在发达国家得到深入研究与实际应用。农业是我国国民经济的基础，也是粮食安全、生态安全与生物安全的重要保障。改革开放以来，我国农业现代化进程不断加快，粮食产量稳步提升、农产品质量有效改善、市场供给保持稳定，为满足人民群众对美好生活的需要做出了巨大贡献。与此同时，我国农业发展也面临着诸多挑战，如农田高强度开发、资源超负荷利用、生态环境恶化等问题，走农业绿色发展之路刻不容缓。总结国外发达国家在农业绿色发展过程中的主要经验与做法，对我国的农业绿色生产方式的转变具有较强的借鉴和启发作用。

　　英国农业发展历史悠久，现代化程度高，近年来大力推行农业绿色发展，在技术研发、政策制定、知识传播与模式推广等方面经验丰富，处于全球领先的地位。本书编者在广泛收集材料和大量调研交流的基础上，系统梳理了英国绿色发展理念的形成背景与过程，以及在水土资源可持续利用、农田生物多样性保护、绿色发展理念的传播机制、促进绿色发展的政策机制等方面的进展与展望，并在此基础上提出了促进我国农业绿色发展的途径。

　　受编著时间和研究水平的限制，本书仍然存在诸多不足，希望广大读者能不吝赐教，多提批评建议，为我国农业绿色发展的战略转型提供有益指导。

编　者

2022 年 6 月

目录

第一章

英国农业绿色发展的背景

第一节　农业在英国国民经济中的地位

英国是大不列颠及北爱尔兰联合王国的简称。其位于欧洲西部，由大西洋中的不列颠群岛组成，包括英格兰、苏格兰、威尔士、爱尔兰岛北部及附近许多小岛，也称为"英伦三岛"。

英国国土经历了漫长而复杂的地质发展史，形成高原、低山、丘陵、平原、宽谷相间分布的地形特征。英国的东南部为平原，土地肥沃，适于耕种，北部和西部多山地和丘陵，北爱尔兰大部分为高地，全境河流密布。英国大部土地都可用以农业开发，有利于农业的多样化发展。在气候方面，英国为典型的温带海洋性气候，全年湿润，冬无严寒、夏无酷暑，对农业生产来说虽有日照不足、积温偏低的缺陷，但也有水分充足、生长期长等有利条件。英国在利用、改造自然环境，发展农业生产方面有着丰富的经验。迄至中世纪，英国还是一个以农业为主导的国家，居民主要从事种植业，兼营畜牧业，当时粮食可以自给自足，畜产品有剩余可供售出。通过 18 世纪后半期的工业革命，英国迅速成为世界上最早实现资本主义工业化的国家，当时被称为"世界工厂"。以强大的工业作为后盾，英国大肆对外侵略，一度占据了比本土大 150 倍的海外殖民地，并把遍布世界各地的殖民地变为它的原料供应地和工业品销售市场。19 世纪末期，由于资本主义的不平衡发展，英国逐渐丧失了在世界工业中的垄断地位，但它从殖民地进口廉价原料和食品，然后向国外倾销工业品的剥削方式并没有改变。

为了满足向外侵略扩张的需要，在近两个世纪的时间里，历届英国政府一直奉行牺牲本国农业，加紧发展工业的政策。尤其是在 1848 年，英国宣布废除限制谷物进口的《谷物法》之后，海外的廉价谷物和其他农产品大量涌入，导致英国国内的农产品价格长期处于低水平状态。这种情况有利于工业资本家降低工人工资，增强英国工业品在世界市场上的竞争能力，保证工业资本家获取高额利润。与此同时，这类政策也挤垮了本国的农业。大批原先从事农业的人员感到无利可图，纷纷流入城市和工厂，又为其发展工业提供了大量的劳动力。由此，英国几乎成为"纯工业国"，其农业在国民经济中的比重之低，与世界其他国家相比极为突出。

20 世纪 30 年代，席卷世界的经济危机之后，尤其是第二次世界大战后，鉴于在世界上的地位日趋衰落，对外贸易日益不利，以及两次世界大战期间国内食物供应困难的教训，英国政府采取各种干预政策扶持农业，从轻视农业转为重视农业，使其农业较快地恢复和发展，形成了以畜牧业为主体、种植业和渔业相配合的混合型农业。2010 年农业产值占国民经济总产值的 2% 左右，农业人口占总人口的 2%。目前，英国农业已实现现代化集约经营，通过不断提高农业生产水平和农业机械化水平来提高农业劳动生产率。

目前英国用于农业生产的土地面积已超过 1 700 万公顷，约占英国土地总面积的 70%。其耕地具有多种重要特征，如在英格兰，估计有 373 000 千米长的树篱，还有数千千米长的树木、干石墙、河岸以及沟渠等，这些都对景观和生境做出了重要的贡献，还在帮助控制土壤侵蚀和管理水资源方面提供了诸多好处。据估计，英国还有将近 900 000 公顷的林地，而这些林地也是野生动物栖息地的重要提供者，并且有助于景观质量和生态系统管理。此外，农田中还包括大约 478 000 个水池以及许多山谷、坑和其他可以为野生动物提供重要家园的地形。

在英国，农业是国家经济组成中至关重要的一部分，也是满足国内大部分食品需求的主要来源。总体而言，2015 年，农业为英国经济贡献了约 240 亿英镑*的收入和约 85 亿英镑的总增加值。农业产业还直接提供约 475 000 个工作岗位，另外通过流通环节提供约 30 000 个工作岗位，使英国其他产业经济从中受益，如制造、运输、建筑乃至金融服务等。

农业为英国食品行业提供了将近 61% 的原材料，而食品行业为国民经济贡献了约 1 080 亿英镑的总增加值，并提供了 370 多万个就业岗位。农业食品行业作为一个整体，每年为英国创造了约 180 亿英镑的出口总收入。

农业在生态环境方面也发挥着重要作用。在英国，农民负责管理重要的景观特征，并为重要的野生动物提供栖息地，这些栖息地和物种保护服务的总价值每年约为 6.72 亿英镑。农田作为重要的碳汇充分发挥了土壤固碳作用，而这项作用的总价值每年约为 5.14 亿英镑。

尽管几十年来英国一直是食品净进口国，但英国的农业食品部门每年为英国创造约 180 亿英镑的出口总收入。就未加工或初加工的农产品而言，产品出

---

* 英镑是英国国家货币和货币单位名称，1 英镑≈8.26 元人民币。更新时间为 2023 年 2 月 21 日。——编者注

口对生产羊肉、牛肉和某些谷物的农民尤为重要。欧盟是英国食品出口的重要目的地，爱尔兰、法国、德国和荷兰等国家是英国食品产品出口的主要市场。除欧洲以外，美国和一些海湾国家也是英国食品产品出口的重要目的地。

近年来，英国农业在设法增加粮食产量的同时，也在尽力减轻农业发展对环境的影响。法国环境与发展部公布的数据表明，自 2000 年以来，英国农业每年产生的温室气体约减少了 550 万吨，降幅已超过 10%。同时，英国农业每年对水和矿物肥料的使用量持续减少，英国农业每年的氨排放量也在大幅下降。英国农业还通过风力发电、太阳能发电和生物质能源等多种技术，为英国持续供应日益重要的可再生能源。总的来说，英国总发电量的 10% 左右来自农业方面的可再生能源技术。

英国的高质量养殖景观每年都会吸引数百万人前来旅游观光。根据数据统计，英国公民每年对乡村的访问量为 37 亿次，这些访问的年价值（根据用户的支付意愿计算）约为 190 亿英镑。乡村也是吸引海外游客来英国的重要目的地。数据统计显示，大约 20% 的国际游客在旅游期间会去乡下。旅游业对英国国内生产总值（GDP）的贡献约为 20 亿英镑。英国全国农民工会（NFU）2017 年 1 月的报告全面评估了农业带给英国的效益。报告指出，2015 年英国农业的总效益达 464.96 亿英镑，成本为 62.92 亿英镑，效益成本比为 7.4 : 1（表 1-1）。

表 1-1　2015 年英国农业对国家经济带来的贡献以及相应的成本明细

项目		亿英镑
效益	农业增加值（GVA）	84.57
	购买商品和服务	153.56
	可再生能源生产节省的碳	3.95
	空气净化服务	0.20
	栖息地和物种保护	6.72
	碳汇服务	5.14
	乡村旅游（英国居民）	190.82
	乡村旅游（海外游客）	20.00
	总效益	464.96
成本	对农民的直接支付	28.03
	空气、水和土壤成本	26.03
	农业生产的碳成本	8.86
	总成本	62.92
	效益/成本	7.4 : 1.0

第二节　英国农业发展的历史阶段

英国历史悠久，早在新石器时代，欧洲西南部的伊比利亚人开始迁入，以后陆续迁入的有南欧的凯尔特人、罗马人、盎格鲁和撒克逊人、丹麦人、诺曼人等。他们经长期混居、融合，逐步形成当今英国的诸多民族。英国的农业也经历了漫长的发展过程。前述各个民族的迁移和混合当然会对农业发展产生各方面的影响。但是，英国现代农业的特点，尤其是以畜牧业为主的农业结构，以及农业分布的格局，主要是在中世纪后期，即从英国开始进入资本主义发展时期后逐步形成和发展起来的。下面将分别从 4 个时期进行阐述，并以较多篇幅着重分析两个至关重要的问题，即各时期的政策对农业发展和分布的影响，以及英国农业结构从种植业为主向畜牧业为主逐步转变的过程。

一、中世纪的农业

从 7 世纪起，通过奴隶制小国之间的长期战争，英国逐步形成封建领主阶级，建立了封建庄园。广大奴隶成为依附于封建领主的农奴，原先奴隶制时代的自由民则成为领有份地的自耕农，但他们要为领主承担不同形式的劳役。

（一）庄园制下的土地利用和农业生产

在庄园制下，庄园是保有土地、从事耕种的基层单位。在英国东南部低地带，每个庄园都有一个集中的村庄，周围是庄园保有的土地，一般分为耕地、草地和荒地三类。

1. 耕地

耕地按轮作的需要，分成三大块田地或两大块田地。在实行三年轮作的地区，一大块田地种植秋播作物（小麦或黑麦），一大块田地种植春播作物（大麦、燕麦、豌豆、蚕豆等），一大块田地休闲。实行二年轮作的地区，一大块田地种植作物，另一块田地休闲。每一大块田地再细分成数个面积半英亩*或一英亩的长条田。每户自耕农在上述三大块或两大块田地中都有若干分散的长条田，这就组成他们各自的份地。把每户份地分割成多处分散的长条田，目的是使各户份地的肥瘠程度尽量平均。封建领主自己经营的土地（即庄田）也穿插在这些长条田中，由农奴耕种，同时也使用自耕农提供的劳役。轮作是按大块田地统一安排的，休闲田和作物收割后的田地供全村牲畜放牧。这种全庄园统一轮作的田地，因各户耕地之间并无明显的间隔物，一般被称为"敞田"，以区别于以后出现的"圈田"。

---

　　* 英亩为非法定计量单位，1 英亩≈4 047 米²。——编者注

2. 草地

草地一般分布在河流沿岸低地，用以刈割干草，它们也按耕地的比例划分给各户自耕农。干草刈割以后，草地便开放作为公共放牧地。

3. 荒地

荒地属公用地，领主和各户自耕农都可以在这些土地上放牧牲畜，采集草皮、泥炭或砍伐灌木作燃料，还可以取石料供建房用。

在这些古老的庄园里，实行以种植业为主的生产，农业水平很低。每英亩往往要播种 2 蒲式耳*的小麦种子，才能获得约 10 蒲式耳的收成。大麦和燕麦的收成情况也相差不多。小麦是主要食用谷物，大麦是酿酒的原料。畜牧业是次要部门。大多数庄园都有牛群、羊群和猪群，庄园主的牲畜和自耕农的牛、羊群都在一起放牧。牛是役畜，母牛产奶供食用，有多余时也用于制黄油和乳酪。养羊主要是为了剪毛，母羊产奶也供食用。猪肉则是主要肉食。由于冬季饲料比较缺乏，故在秋季时，往往大量宰杀年龄较大的牲畜并腌制成咸肉，以减少冬季喂养的牲畜头数。

庄园里生产的目的是尽量做到在食物和衣着方面能够自给自足，余粮出售很少，货币收入主要依靠出售牲畜、毛、皮和一些乳制品。中世纪时，在人烟比较稀少的英国高地带，即在苏格兰、北爱尔兰和英格兰西北部等地，还沿用一种更为古老的土地利用方式，即把庄园的土地分为近村田和远村田两部分。近村田实行类似低地带的轮作，远村田则实行类似目前在世界不发达地区还能见到的迁徙种植或灌丛休闲种植制，即一块田地种植几年后弃荒，任地表植物逐步生长以恢复地力，过若干年后再重新耕垦。这些地区的草地和粗放牧场属公用地，实行季节性轮牧，夏季将畜群驱赶至高地或山坡的牧场，冬季则在位于海拔较低处的永久性居民点周围放牧。

（二）庄园制自给经济的瓦解

英国的庄园制和农奴制在中世纪后期开始逐渐瓦解。促使其瓦解的因素，首先是农村中商品货币关系的发展。早在公元 12—13 世纪，欧洲大陆佛兰德地区（法国西北部和比利时一带）的毛纺织业发展起来，开始从英国大量进口羊毛，从而推动了英国养羊业的发展。城市、交通线路的兴起和羊毛出口量的增长，逐渐破坏了庄园制下的自给经济，使农民同市场之间的联系密切起来。同时，封建领主对货币的要求也日益提高。13 世纪时，货币地租逐步流行，取代了劳役地租和实物地租。一部分农奴通过缴付货币地租，摆脱了在庄田上服劳役。一些封建领主为追求更多的货币收入，开始雇工经营自己的庄田并力图扩大经营规模。在这种形势下，"圈地运动"逐渐发展起来。领主们开始圈

---

* 蒲式耳为非法定计量单位，1 蒲式耳（英）≈36 升。——编者注

占公用地，即将领主与自耕农共同使用的牧场、荒地、林地等，用栅栏、树篱、沟道等圈起来，变成他们私用的牧羊场。这种做法在 1349 年黑死病大疫之后更为广泛。失去大量劳动力的英国农村，到处田园荒芜，封建领主们趁机扩大圈地范围，并把一部分耕地变为草地。

14 世纪后半期，农奴起义不断发生，迫使封建领主阶级不得不宣布废除农奴制。获得人身自由的农奴变成了佃册农，他们按照文件租种领主的土地，除缴纳地租外还需履行其他方面的义务。佃册农与原来的自由民一起，在农村形成一个广泛的自耕农阶级，使 15 世纪时的英国成为小农经济占优势的国家。

商品经济的进一步发展，促进了农村阶级分化。一部分自耕农逐渐贫困破产沦为农业雇工，一部分上升为富农。这些富农租进领主的庄园，或购买破产农民的土地租佃权，以扩大经营规模，他们使用雇佣劳动，逐渐成为租佃农场主。原有的封建领主慢慢分为两部分：一部分是大封建贵族，他们出租全部土地，收取货币地租；另一部分是中小领主，他们适应市场对农产品日益增长的需要，将自己的领地变为雇工经营的农场。因此，14—15 世纪是英国农村资本主义生产关系和经营方式开始形成和发展的时期。

二、资本主义农业发展时期

这是英国农业一个大转变时期，也是一个快速发展时期。一些英国学者将这一时期称为英国的"农业革命时期"。在此期间，英国农业发生了以下几个方面的巨大变化。

（一）大规模圈地运动和资本主义生产关系的确立

16 世纪起，英国从封建社会迅速向资本主义社会转变，并开始大规模的资本原始积累。地理大发现后，世界市场随之扩大。它刺激英国毛纺织工业的发展，从而羊毛价格不断上涨，使养羊业成为非常赢利的部门。与此同时，美洲金银的流入引起物价上涨，造成所谓的"价格革命"，使征收货币地租的英国领主的实际收入大幅度下降。为了获取养羊业的巨大收入，也为了避免因"价格革命"造成损失，领主们不顾农民的反抗，掀起大规模的圈地运动，既把公用地圈占作私用牧场，还千方百计破坏租佃规定，把出租给佃册农和其他小佃户的土地圈占起来。总之，把分散的小块土地合并成大农场，由他们自己经营，或者以高价出租给大租佃农场主。就这样，到了 18 世纪中叶，在英格兰和威尔士已经有一半左右的农用地变成了"圈田"。在苏格兰，圈地运动进展较慢，直至 18 世纪中叶，大部分农用地依然是敞田。

18 世纪 70 年代开始的产业革命，给英国农业带来了更为深远的影响。伴随着工业的发展和城市人口的增长，国内农产品市场不断扩大，进一步促进了农村资本主义的发展。18 世纪末至 19 世纪上半叶，英国再次出现圈地运动的高潮，并迅速波及全国。到 19 世纪中叶，整个英国已很少有敞田了。圈地运动的高潮，再一次扩大了大土地所有者和大租佃农场主的经营面积，资本主义在农业领域确立了统治地位。在圈地运动中减少或失去土地的农民，或向大土地所有者租用土地继续经营农业，或变为农业工人，或流入城市、工厂，从而为工业发展提供劳动力来源。

（二）技术水平提高和农业结构变化

在庄园制下，敞田的统一轮作限制了农民的积极性和主动性。每个农户的长条田分得很散，不利于耕作和培养地力。整个庄园的畜群在一起放牧，也有碍于牲畜质量的提高。圈地运动和资本主义生产方式的发展为农业技术进步创造了条件。

16 世纪末和 17 世纪初，随着同欧洲大陆贸易往来的日益频繁，芜菁、啤酒花、三叶草以及甘蓝、花椰菜等作物纷纷自欧洲传入。芜菁是中耕作物，它便于消灭杂草，在一定程度上可代替休闲地的作用，它还可提供重要的冬季饲料。三叶草和其他豆科牧草，既可用其根瘤固氮培养地力，又可为牲畜提供优质饲料。在传统轮作制下的敞田推广种植这些新作物是困难的。例如，把收获后的田地当作全村牲畜放牧地的传统，就不利于冬季牧草的栽培。而随着大范围的敞田变为圈田，新作物的种植面积愈来愈大，农作制度逐渐发生了转变。

到 18 世纪初，一种称作诺福克轮作制的四田轮作迅速推广开来，逐步替代了原先的三田或两田轮作。在诺福克轮作制下，田地第一年种小麦，第二年种块根作物，主要是芜菁，第三年种大麦、燕麦等，大麦等作物收获后秋季种植三叶草或其他豆科牧草，以便在第五年再种小麦前地力能够得以恢复。

诺福克轮作制的推广给英国农业带来了深远的影响。首先，大大提高了农作物产量。以小麦为例，到 1735 年前后，每英亩产量提高到 20 蒲式耳，比庄园制下提高了近 1 倍。在 17 世纪 60 年代以后的 100 多年间，英国小麦不仅可以自给，而且出口量也在逐渐增加，从 18 世纪初的每年约 6 000 吨，增加到 18 世纪中叶的每年超过 5 万吨。其次，促进了种植业和畜牧业的有机结合。芜菁和三叶草等作物的种植，使牲畜有了比较可靠的冬季饲料来源，为牲畜过冬创造了有利条件，从而可以避免以前在秋季大量宰杀牲畜以减少冬季饲养投入的做法。种植业与畜牧业的有机结合，同时促进两者的发展，形成"更多的牛—更多的肥料—更大的收成—更多的牛"的良性循环。种植业与畜牧业的有机结合，促使农业结构发生变化，即从种植业为主，转变为种植业和畜牧业并重。产业革命以后，工业迅速发展，城市人口大大增加，对农产品的需求不断增长，进一步推动了农业技术的改进。在耕地工具方面，以往用 12 头牛拉曳的双轮重型犁，逐步被两匹马拉曳的轻型犁所代替。从 19 世纪 30 年代起，各种人工肥料，包括进口的硝酸钠、秘鲁鸟粪、亚麻饼、棉籽饼等逐步推广使用。与此同时，具备排水设施的农田面积不断扩大，地下管道开始使用，对改善黏重土地的作物生长条件起到了良好的作用。这一切都推动了农作物产量的提高。到 1870 年前后，每英亩谷物产量增长达 30 蒲式耳。为适应国内市场对畜产品的需求，牲畜改良工作不断取得新进展，培育出诸如累斯特羊、南岗羊等著名毛用羊和短角牛、赫里福德牛等著名肉用牛品种。

（三）农业地域差异的形成和发展

5—15 世纪，英国各地农业特点，如土地利用、作物和牲畜种类虽有不同，但总的来说，都是以自给性生产为主，没有明显的地域劳动分工。随着资本主义经济的发展和统一市场的形成，商品性生产逐步取代自给性生产，农业地域差异日益显著。

东南部的低地带，不仅发展农业的自然条件比较优越，而且邻近欧洲大陆，较早接受引种新作物、引进新技术的影响。伦敦从 16 世纪起，就是英国的政治、经济中心，以后又发展为国际性的大都市。兰开夏、约克夏和以伯明翰为中心的西米德兰等都是较早兴起的工业区。围绕着这些城市、工矿区，农业商品性生产不断发展，其范围逐渐扩大。一些学者认为，到 1700 年时，低地带的农业，完全是市场经济了。相反，在高地带，不仅自然条件差，而且位置比较偏远，工业、城市的兴起既迟又慢，致使商品性农业的发展明显落后于低地带。以苏格兰为例，直至 18 世纪后期，还是以自给性农业为主。

在产业革命的推动下，英国大部分地区的商品性农业更是加速发展。为满足工矿区、城镇居民的消费需要，低地带的谷物生产不断扩大，形成商品性谷物产区。在大城市和工矿区的周围，逐渐发展起鲜乳、蔬菜、马铃薯的生产。以紧邻曼彻斯特和利物浦的柴郡为例，它几乎成了这一带巨大工矿区的城郊农业基地。在柴郡的北部，发展起商品性果园，其产品通过运河销往曼彻斯特市场，在柴郡的南部马铃薯成了最主要的作物。先前，柴郡曾以出产优质乳酪著名，后来，当地所产大部分牛乳，皆以鲜乳形式供应城镇居民，而乳酪生产却衰落了。

城市、工矿区的发展，不仅影响了其周围地区的农业，而且也波及了较偏远地区。约克夏、英格兰东北部等地工业，尤其是毛纺织工业的发展，既促进了苏格兰的羊毛生产，也以其居民对肉食的需要，带动了苏格兰肉用养牛业和肉用养羊业的发展。同样，兰开夏和英格兰南部城市居民的消费需要，也促进了威尔士的肉、乳生产。

16 世纪到 19 世纪中叶，是英国资本主义农业的迅速发展时期，被一些学者称为"高农业时期"。但是，也存在一些严重问题。一是农业生产水平不能满足经济发展的需要。产业革命以后，英国城市人口迅速膨胀。18 世纪末，全国人口 1 071 万人，多数还是农村人口。到 1851 年，总人口增至 2 090 万人，城市人口占总人口比例达 50% 左右。50 年间成倍增长的城市人口产生的消费需要，使英国开始从食物出口国转变为进口国。19 世纪 30 年代，英国本国农产品只能满足国内需求量的 95%。小麦和糖是大宗进口货物，其中小麦进口量约占英国消费总量的 10%。二是农业面临世界新开发地区廉价农产品的竞争，如美国、加拿大、澳大利亚和阿根廷等国，尤以廉价谷物竞争最为激烈。为了阻止国外农产品对本国农业的冲击，英国政府曾经在 1773 年、1791 年和 1815 年，先后三次颁布《谷物条例》，对进口谷物实行种种限制。如 1815 年的《谷物条例》规定，只有在小麦价格超过每夸特* 80 先令（英国的旧辅币单位，1 英镑＝20 先令）时，才准许谷物进口。这类显然有利于农业经营者的措施，遭到了工业资本家的反对。因为这些规定人为地维持国内食物高昂的价格，显然不利于工业资本家压低工人工资和提高工业制成品在世界市场上的竞争能力。正是在这种情势下，农业领域又一场新的变革开始酝酿了。

三、农业衰退时期

这一时期是英国农业生产的一个萎缩时期，也是一个结构转变时期。

（一）废除谷物条例的后果

1846 年英国宣布废除《谷物条例》，接着又在 1849 年废除《航海条例》，它标志着英国农业进入巨大的转折时期。自此，英国成了实行自由贸易政策的国家。来自美洲、澳大利亚的廉价农产品得以长驱直入，使失去关税保护的英国农业面临空前激烈的国际竞争，而在高地租土地上生产出来的本国农产品，在这场竞争中处于极为不利的地位。尤其是在 19 世纪 70 年代以后，随着世界新开发地区铁路建设的发展和蒸汽机的广泛应用，长距离运输费用大大降低（每蒲式耳小麦从美国运到英国港口的费用，从 1868—1877 年的 11 先令，降到 1902 年的不到 3 先令），使英国进口农产品的价格大为降低，造成英国市场上持续达 20 年的粮价下跌。在这场粮价下跌的浪潮中，英国许多农场（主要是中、小农场）纷纷破产，整个英国农业进入衰退时期。此外，随着工矿业的发展，城市面积迅速扩大，大批劳动力流入城市，也是导致农业衰退的另一个重要原因。1911 年全国人口 4 090 万，其中城市人口占 80%。

（二）生产缩减和结构转变

在农业衰退的过程中，影响最大的是谷物生产，尤其是主要食用谷物小麦的生产。1870 年，英国小麦播种面积达到了 140 万公顷，而到 1930 年缩减为 56 万公顷，即缩减了约 60%。各地区缩减的幅度不一，气候比较适宜、小麦种植集中的英格兰东南部缩减了 42%～58%，英格兰西南部和西北部高地缩

---

* 夸特为非法定计量单位，1 夸特（英）≈12.7 千克。——编者注

减 70%～78%，威尔士缩减了 87%，而苏格兰缩减了 98%，即基本上停止了小麦生产。随着国内产量的减少，小麦进口量急剧增加，从 1872 年的 200 万吨增至 1910 年的 500 万吨。在食用谷物生产下降的同时，为了满足城市居民的需要，一些不便远距离运输的农产品，如马铃薯、蔬菜等的种植面积有所扩大。随着国内食糖需要量的增长，甜菜种植面积也增加了。但是这些作物种植面积的扩大，远远抵消不了食用谷物种植面积缩减带来的影响。英国农用地结构也随之发生了变化，即耕地面积缩减，永久性草地和粗放牧场面积扩大。以英格兰和威尔士为例，1871—1875 年，耕地为 590.6 万公顷、永久性草地为 472 万公顷。到 1931 年前后，耕地缩减为 374.7 万公顷、永久性草地扩大为 630 万公顷。同期，粗放牧场也从 115.2 万公顷扩大为 215.3 万公顷。农用地结构的变化，说明了这一时期种植业地位的下降、畜牧业地位的上升，即英国农业结构从种植业与畜牧业并重，转向以畜牧业为主。1911—1913 年，畜牧业产值已是种植业产值的 268%。畜牧业地位的上升，还表现在耕地的种植结构上，即食用谷物面积减少，而人工栽培牧草、饲用块根、大麦和燕麦等饲用谷物面积增加。以燕麦为例，其播种面积曾一度高达 154 万公顷，远远超过了小麦。这一事实表明，英国种植业本身，也从生产供人们直接消费的食物为主向着以生产饲料为主转化。

以畜牧业为主的农业结构的形成，主要有两个原因：第一，总的来说，英国自然条件比较适合畜牧业，而不太利于种植业，因而与畜产品比较，种植业产品更容易受到外来竞争的影响，而扩大草地面积更有利于降低畜产品成本，使之能保住一部分国内市场；第二，城市人口的大量增加和膳食习惯的变化，使人们对畜产品的需求量增加。

但是畜牧业的发展仍不能适应消费量的增长。肉畜业尤其如此，以致肉类进口量急剧上升，1861—1913 年猛增 14 倍。乳畜业是发展最快的部门，但也只能保证对鲜乳的需求，乳制品则需大量进口。1861—1913 年，黄油进口量增加 4 倍，乳酪进口量增加 3 倍。

英国成为巨大的农产品进口国。1913 年各类农产品进口量占消费量的比重中，食用谷物和面粉为 79%，肉类为 40%，乳制品为 72%，水果为 73%，饲料为 62%。

（三）农业粗放化和集约化趋势并存

在农业衰退时期，英国大部分地区的农业出现明显下降趋势，不仅大片耕地弃垦，而且因农村人口大量流入城市，许多草场亦废弃不用。但是在工矿业、城市密集区域，鲜乳、马铃薯、蔬菜、果类的生产得到发展，随着铁路建设、运输条件的改善和保鲜技术的改进，它们的生产地域，从城市近郊不断向外扩展。如为供应伦敦居民的需要，乳牛业沿着从伦敦通往威尔特郡的铁路逐渐向西延展，形成"鲜乳之路"；在康沃尔半岛、肯特郡、芬地、贝德福德郡等地，园艺业得到发展，源源不断地以蔬菜、水果、花卉供应伦敦市场。在其他工矿城市附近，农场主适应形势变化，都尽力扩大乳牛、马铃薯、园艺业等集约的农业部门。

因此，这一时期英国农业的分布变化，突出表现在大部分地区，尤其是偏远地区农业的粗放化和工矿、城市密集区域农业的集约化。但是，局部地区的农业集约化，抵消不了广大地区的农业粗放化。从整体看，英国农业笼罩在一片萧条之中。

第一次世界大战期间，英国农业曾出现短暂的"景气"。由于战时运进农产品困难，造成国内食物供应不足，迫使政府采取措施发展农业。1917年，国会通过法令要求开垦荒地，由政府低价供给农机具扩大作物种植面积，同时对小麦、马铃薯等产品实行最低保证价格制。在政府的支持下，战时农业得以较大发展，有约150万公顷草地被耕垦，谷物产量增长32％，其中小麦产量增长60％。到战争结束时，英国谷物自给率提高了一半左右。战后，英国农业又陷入衰退之中。1920年下半年起，农产品价格开始跌落。1921年政府宣布废除小麦等农产品的保证价格后，农业状况更趋恶化。战时开垦的耕地重新变为草地或荒地，农业产量不断下降。整个20年代，英国农业一直在萧条中，国内消费的农产品越来越依赖国外进口。

（四）20世纪30年代后农业的恢复和发展

20世纪30年代后英国农业的恢复和发展可分为三个阶段。

1. 始于20世纪30年代的恢复

1929年起的世界经济危机，加剧了各资本主义国家间的竞争，外国农产品以倾销的低价为优势大量涌进英国市场，使整个英国农业面临崩溃的威胁。鉴于这一严重局势和国际收支平衡日趋恶化，英国政府改变了农产品进口的自由贸易政策，采取政府干预措施，保护和恢复本国的农业生产。

1931年起英国开始限制农产品进口。1932年渥太华会议后，英国政府又规定除对英联邦的自治领地和殖民地进口的农产品给予"特惠"外，对其他国家的农产品一律征收关税并实行进口限额。国内则广泛采用发农业补助金的办法，鼓励农场主改良土地和采用先进技术装备，还对小麦、奶类、肉类、甜菜等出台了保证价格的相关政策，刺激农场主扩大生产。为了加强市场管理，英国政府自1931年起对马铃薯、猪、腊肉、火腿、牛奶等农产品，先后并分别建立农场主协会和市场管理委员会，结合进口限额，规定各类农产品的生产量和销售价格。在政府的支持和扶植下，农业生产得到了一定的恢复，小麦种植面积从1930年的57万公顷扩大到1938年的78万公顷，产量由115万吨增长为197万吨。大麦、燕麦产量和牲畜头数也有了增长。农业技术装备改善较快，农用拖拉机 1939 年增加到 5.3 万台，取代马匹成了主要农用动力。

随着生产的恢复和发展，英国本国的食物生产和供应有了好转。到第二次世界大战前的 1939 年，主要食物的自给率分别达到：小麦为 47%，生肉为 70%，鸡蛋为 71%，乳酪为 43%。与 1913 年相比已有颇大改善。尽管如此，当时英国仍是世界最大的食物进口国，其进口来源遍及全球各地。每年约进口谷物和面粉 1 000 万吨，其中小麦和面粉主要来自美国、加拿大、澳大利亚，饲用玉米来自阿根廷和南非。每年进口生牛肉 152 万吨，80% 为从阿根廷运来的冻牛肉。羊肉、火腿、腊肉等大量从新西兰、丹麦、乌拉圭、荷兰、波兰进口，其中从新西兰进口的羊肉和从丹麦进口的火腿各约 25 万吨。每年进口的鸡蛋即达 30 亿个之多，丹麦、荷兰、爱尔兰是主要提供者。此外，从新西兰、爱尔兰、澳大利亚进口的黄油、乳酪和从非洲进口的植物油脂数量也很大。

2. 第二次世界大战期间的发展

第二次世界大战再次引起农业的"景气"发展。战争开始后，德国封锁了大部分海上通道，使英国谷物进口量骤然减少，国内供应困难。为了适应战时需要，政府大力干预农业，建立了各地区的农业管理委员会，并采取规定生产目标、价格刺激、贷款补贴、征用未利用土地、供给农业机械等措施，对农业生产实行监督。

1940—1945 年，英国大面积草地被开垦，使耕地面积由 1939 年的 475 万公顷扩大至 1945 年的 714 万公顷。1945 年与 1939 年相比，小麦产量由 197 万吨增至 217.4 万吨，大麦由 90.4 万吨增至 209.6 万吨，燕麦由 199 万吨增至 286.2 万。农业技术装备进一步提高，1946 年农用拖拉机达到 20 万台。第二次世界大战结束以后，随着殖民体系的瓦解和英国国际地位的不断降低，本国对外贸易形势和国际收支状况不断恶化，促使英国政府继续干预本国农业，力求减少农产品进口数量。1947 年颁布的《农业法》是一项影响非常深远的政策文件，被称为"农民的宪章"。这一法令规定了两项重要措施。

一是实行农产品保证价格制度，又称差价补贴制度。是指当规定的农产品的全年平均价格低于保证价格时，其差额由政府补贴。这类规定范围内的产品有小麦、大麦、燕麦、黑麦、马铃薯、甜菜、牛奶、鸡蛋、羊毛和牛、羊、猪等。其价值约占全部农产品价值的 4/5。这种差价补贴按销售数量或按作物种植面积计算，其总额相当可观，仅在 1951—1952 年度就达 4.14 亿英镑。保证价格制度减少了农场主的后顾之忧，为推动扩大农业生产创造了条件。

二是实行补助金（或奖励金）制度。政府对农业中开垦荒地、施用肥料和石灰、建设排水工程、改善牲畜品种和改良土壤的措施予以资助。

第二次世界大战后采取的这类措施，推动了英国农业进一步发展，表现在以下几个方面：

（1）农业产量有了较快增长，农产品自给率有了明显提高。1970 年与 1950 年相比，小麦产量增长 57.5%，大麦增长 331%，甜菜增长 13.8%，肉类增长 113%，牛奶增长 24.1%，鸡蛋增长 84.3%。1972—1973 年，即英国加入欧洲经济共同体前夕，英国各类农产品的自给率已提高到：小麦为 52%，大麦为 95%，黄油为 22%，乳酪为 54%，鸡蛋为 97%，牛肉为 85%，羊肉为 43%，猪肉为 93%，禽肉为 99%；燕麦、马铃薯、鲜乳已基本或完全自给。

（2）农场经营规模扩大。英国政府对农业的干预措施，巩固了大农场的地位。政府的差价补贴是按全年平均价格计算的，但实际市场价格则经常变动。资金雄厚的大农场主能抓住市场有利时机，以高于全年平均价格的市场价格出售自己的产品，而当市场价格低落时，同样可按保证价格取得补贴。资金量少的小农场主却不易抓住有利时机，而且往往由于资金周转困难，被迫在市场价格不利时出售其产品。同时差价补贴的数额依销售数量或播种面积多少而异，农场愈大，获得的补贴数额也愈大。对农业技术改造所给予的补助金同样如此。上述种种都使大农场主占据有利地位。加之，现代化技术装备需要大量投资，大型、高效的农业机械在大面积农用地上比较经济实用。这些都是致使小农场处于不利地位的因素。因此，每年都有大批中小农场被淘汰或者被大农场兼并。仅 1958—1972 年，英格兰和威尔士的农场数，就从 35.6 万个减少为 22 万个，其中面积不足 20 英亩的小农场减少 9.2 万个。

（3）农业现代化、专门化的进展。有的学者称第二次世界大战后英国农业的迅速现代化为"第二次农业革命"。最显眼的是在农村日益增多的大型钢结构的农用建筑，其内部构造可根据季节需要予以调整。农业机械的应用逐渐广泛和多样化。拖拉机不仅数量增多，而且趋于高效、大型化。原先被认为不适用于英国农田的联合收割机成倍增加。在英国农村到处可见机引犁、中耕机、播种机、割草机、打捆机等各种配套农机具。在畜牧业中，养猪、养禽、饲料加工日趋工厂化，不仅剪毛、挤奶均已实现机械化，许多农场还建起专用的挤奶台。

随着生产的发展，英国农场专门化和地区专门化不断加强。在高地带，以天然和人工草地为基础，配以少量大田作物生产的养羊、养牛农场愈来愈成为其农业的特色；在低地带，种植业与畜牧业相结合的混合农场得到广泛发展，同时兴起了专门化的甜菜农场、蔬菜农场、果树农场、花卉农场等。

3. 加入欧洲经济共同体后的趋势

1973 年英国加入欧洲经济共同体后，其农业又进入一个新的发展阶段。众所周知，欧洲共同体（以下简称"欧共体"）国家为了发展农业，实现农产品自给，于 1962 年起实施共同农业政策，逐步建立统一的农业市场，设立共同农业基金等。英国加入后，经过了 5 年过渡期，逐步按共同农业政策行事。

诚然，当前对共同农业政策批评很多，这项政策也确实造成某些农产品过剩、各国利益不均等问题，引起一些成员国政府，尤其是英国政府的强烈不满。但是无可否认，这项政策对促进西欧国家的农业发展发挥了重要作用，英国农场主也从中得利颇多。

（1）农产品价格对英国农场主有利。此前英国实行差价补贴规定的保证价格，一般接近于世界市场价格，而欧共体为了刺激农业生产，所规定的官方价格一般略高于世界市场价格。同时为了保护欧共体市场，实行关税壁垒，对从非欧共体国家进口的农产品征收进口税。

（2）英国农业劳动生产率较高，农产品成本较低，在欧共体内居有利地位。从 14 世纪延续至 19 世纪的圈地运动，消灭了敞田和长条田，使英国没有像其他西欧国家那么广泛的传统小农经济，所以至今英国的平均农场规模和田块规模都大于其他欧共体国家。英国绝大多数农场都大于 10 公顷，其中约 1/3 的农场大于 50 公顷，而欧共体 6 个最早成员国中，有 40%～70% 的农场小于 10 公顷，只有 10% 以下的农场大于 50 公顷。英国田块面积最小为 2～4 公顷，在英格兰东部一般可达 16～20 公顷，即一块田地就往往超过欧洲大陆国家的一整个农场的土地面积。大的农场、大的农田有利于较经济地使用高效、大型的农机具，因此一个英国农业劳动力所能经营的农用地面积，可比其他欧共体国家的农业劳动力多 2～3 倍，这就可以大大减少农产品成本。农产品成本较低而出售价格较高，使英国农场主在共同农业政策下获得不少好处，从而刺激了他们扩大生产的积极性。因此，加入欧共体十几年来，英国农业继续以较高速度发展，同时农场兼并以及农业现代化、专门化等趋势也都在进一步发展。

当然，农业各部门在共同农业政策下得益并不均衡。总的来说，种植业获益颇多，畜牧业则因饲料（种植业产品）价格上涨而获益较少。在种植业内部，谷类作物、园艺作物、经济作物之间，实际获益情况亦不相同。这就促成了十几年来种植业和畜牧业以及各类作物之间的不平衡发展。

第三节　英国农业绿色发展的兴起

一、农业科学技术

早在 1843 年，英国就建立了世界上第一个农业研究机构——洛桑试验站。16 年后，英国达尔文的巨著《物种起源》问世，对生物和农业科学的发展产生了巨大而深远的影响。目前英国建立了比较完整的农业科研体系，有强大的科研队伍。英国的农业科研工作由教育和科学部下设的农业研究委员会统一计划和协调。农业研究委员会有 23 个研究所，承担环境、食品和农业事务部委托研究的项目。由该部提供的研究经费占农业研究委员会全部经费的一半。

英国的农业研究机构有两类。一类是国家农业研究机构，另一类是私人出资办的农业研究机构。国家农业研究机构有 46 所，主要包括环境、食品和农业事务部所属的研究机构以及国家农业研究委员会和大学的研究机构，主要侧重于动植物生理、遗传学、生物化学、分子结构、土壤物理、生物固氮等基础科学的研究。

国际应用生物科学中心（CABI）是全国最大的农业情报中心。该机构每年从全世界 40 个语种的 85 000 种期刊中选录文摘，占全世界文献总量的 50% 以上，共计 15 万条，出版 42 种文摘杂志，发行到 150 多个国家和地区。在教育方面，英国设有农业课程的学校主要有综合性大学、农学院和农校三大类。全国各地都建立了农校，农民、农业工人等均能够参加农校的学习。农校设有全日制和业余课程，学制为 1～3 年。

二、农业重点研究领域及科研水平

（一）农业基础理论和生物技术研究

英国一直比较重视农业基础理论和生物技术的研究。特别是不断加大对农业基础研究的经费投入。

1. 动物和植物基因图谱的绘制

20 世纪 90 年代以来，英国在这方面投入了大量工作。其中取得进展的成果主要有：

（1）植物科学研究所的剑桥试验室和农业遗传公司等单位合作，完成了小麦基因图谱的测定。这一图谱是目前世界上最详细的，包括 21 对染色体上的16 万亿碱基对。研究人员发现 750 个标记物并确定了许多重要基因的位点，已确定的基因有矮化基因、抗病基因、抗逆基因等。下一步工作是确定大麦、燕麦、豌豆、粟和水稻等的基因图谱。

（2）在有生物技术与生物科学研究会（BBSRC）参加的全欧洲育种方案中，对猪的基因组进行基因位点和遗传连锁分析。其目的在于对理想性状的早期选择或将一种属优良基因转移到另一个种属的基因组中，从而提高其生产性能。

2. 植物基因的转座子标记研究

主要是用移动 DNA 即转座子插入特定的基因组作标记，从而确定各种表型性状的基因位点，应用于早期选择或进行分离、测定、合成或转基因等工作。如伯明翰大学的研究人员正在用金鱼草转座子寻找这一种属中的抗锈病基因。塞恩斯里实验站成功地将 Ac 转座子转移到番茄中并分离出 4 个不同的抗病基因。邓迪大学正在研究马铃薯中自然发生的转座子。如约翰英纳斯中心

(John Innes Centre) 正在寻找和分离与植物开花和激素合成有关的一些基因。在欧盟的一个合作项目中，用 *Ac* 转座子分离拟南芥属中的一些基因。在诺丁汉大学，正用 *Ac* 转座子分离有关植物激素落叶酸合成的基因，从而了解植物脱水的原理，以便培育具有抗旱基因的植物。

3. 转基因动物和植物育种

将特定的外源 DNA 通过各种方法导入受体细胞或组织中，从而使其表现特定的性状或生产特定的产品。如杜伦大学植物分子生物学实验室将鸡蛋白中溶菌酶基因导入马铃薯基因组中，从而使马铃薯合成溶菌酶，起到抗细菌和真菌感染的作用。英国生物技术和生物科学研究理事会（BBSRC）的研究人员正在研究从野生的抗病虫害植物中分离抗性基因，再导入蔬菜基因组中。也有单位在研究用转基因动物和植物生产工业原料、药物蛋白和化妆品等。

4. 生物技术新产品的开发研究

通过基因工程、酶工程和细胞工程等生产的新产品很多，而且是当今的研究热点之一。如约翰英纳斯中心已确定和克隆了豌豆胚中淀粉合成酶的基因，从而生产不同结构的淀粉，其中之一是抗淀粉酶的淀粉。这种淀粉不受小肠消化而进入结肠，用于研究动物的消化和作为特殊药品的包囊。不同结构淀粉的生产也为研究淀粉结构与功能的关系提供了一个途径。再如动物疾病研究所开发出一种牛呼吸道合胞体病毒（BRSV）的单克隆抗体，用于防治感染。而且这种抗体经科学家的研究开发，又可用于儿童。用生物技术生产诊断盒、测定试剂和疫苗的实例很多。

5. 生物膜的研究

BBSRC 动物生理和遗传学研究所对生物膜的研究有肠细胞氯离子运输因子和分子免疫学研究，发现两种类似纤维囊泡跨膜调节因子（FTR）蛋白，一种与肿瘤化疗试剂排斥有关，另一种与细胞识别外来物质反应有关。牛津的分子医学研究所正在研究 P-多糖蛋白，也是一种细胞运输蛋白。

6. 从分子生物学水平研究家畜的发病机理

BBSRC 动物疾病研究所对口蹄疫病毒的分子生物学研究发现，这种病毒能调控核糖体合成自身的蛋白而抑制合成寄主细胞的蛋白。其关键在于核糖体识别病毒和寄主细胞信息分子的机制不同，这是蛋白合成的一个新的调控因素。

7. 用新技术研究食品的变化

BBSRC 用新开发的两种核磁共振技术可直接测定脱水、再水化、蒸煮或贮藏期间食品中水的再分布，并可测定其中低分子量物质的变化，从而控制食品中微生物的生长，提高食品质量。

（二）绿色农业的研究

绿色农业是当今世界农业的一个重要研究课题，已经引起各国有关专家的广泛关注，并正在进行深入探讨，而且对其的理解日趋深入和广泛。虽然根据国情，有的侧重资源环境，有的强调增加产品以满足需要，有的强调低投入，但总的来说有以下五个要素：一是增加产品与就业机会，不断增加食品、纤维及工业原料的产出以满足人口增加的需要。二是提高农业生产率。提高资金、土地、生产、投入和资源利用效率。三是维持一个良好的环境与养分循环。四是长期保持资源开发的能力。五是对农业及其相应的工业进行合理的布局与规划。

1. 提高生物学效率的研究

主要是研究如何提高单位面积氮肥用量的生物量产出，或者通过降低氮肥投入来减少环境污染和资源浪费。如洛桑试验站通过对牧草的研究，使牧草叶子在主茎死亡前一直保持青绿，同时抑制叶中蛋白和脂肪的代谢与输出，从而提高了其饲养价值。随着农产品的剩余和工业原料的缺乏，英国科学家提出了"生物精炼"的口号，如用谷物提炼纤维、蛋白、油或多糖成分，将茎秆制成纤维板或用作造纸原料等，将枝叶进行酶（纤维素酶和木质素酶等）处理，用作单胃动物饲料等。

2. 生物多样性的研究

由于单一动物和植物生产增加了商业风险性和病虫害的危害性，也对生态系统的平衡和水文地质系统的循环都有不利影响，所以生物多样性研究对于市场开发、保护生态环境和保证持久的农业资源开发都很重要。首先，英国越来越重视农田的间（混）作和轮作技术的应用，通过建立数学模型研究最佳的农林间作、农牧间作和林牧间作或三者间作等，充分发挥各自的优势，取长补短，从而达到防止水土流失和抗病虫害的效果，同时植物采光和养分利用也较合理，特别是用豆科植物和树叶等增强了土壤肥力，另外也减少了化肥和农药等的投入和其他不利因素的影响，有利于维持生态平衡和绿色农业的发展。如James Hutton研究所正在培育一种可轮作的矮化柳树，其能适应特殊的土壤，茎叶用作工业原料。其次，在进行动物和植物种属多样化研究的同时，也进行动物和植物产品的多样化研究。英国科学家通过生物技术使油菜籽作为生产塑料、药品、润滑油和化妆品等非食品工业原料。在动物身上也有研究用牛奶或羊奶的生产过程来生产药品。

3. 环境和资源保护利用研究

环境和资源的保护是一个综合的系统工程研究。就农业而言，包括土壤、肥料、农学、植保、生物学和生态学等多学科，或者说是对水文地质循环、大气和生物资源的研究。英国科学家在欧盟赞助下与丹麦、法国、德国和荷兰科学家合作。研究低投入农业对环境和资源的影响，发现生产投入减少 35％，机械投入减少 11％～21％，而产量仅下降 7％。随着氮肥施用减少，作物叶子长幅缩小，降低了水分蒸发速率，减少了病虫害的侵害面积，降低了农药用量，增加了害虫天敌——蜘蛛、甲虫和食蚜蝇的数量，土壤中蚯蚓数量也显著增加，土壤结构得到了改善。造成的不利影响是杂草增多，虽然在可控范围之内，但仍需要研究解决。环境保护的一个重要措施是综合生物防治，在英国主要有抗病虫害基因植物的培育、昆虫外激素和天敌的引入。如溶菌酶基因在马铃薯中的导入，各种抗病虫害基因在果树、作物和蔬菜中的导入。外激素主要用于扰乱害虫的求偶信号，降低其繁殖率，或者是吸引害虫进行诱捕，也有用害虫的警报信号进行驱虫。如 BBSRC 耕地作物研究所与其他单位合作，已合成蛇麻草蚜虫的外激素。用天敌灭虫主要是用有益昆虫捕杀有害昆虫和应用真菌或细菌对害虫进行控制，这种方法特异性强，不易产生抗性。如洛桑试验站正在研究菜蛾的真菌控制。剑桥大学正在研究细菌产生的甲虫毒素的三维结构及其功能，以期做到人工合成。对于高度集约化的家畜饲养场所产生的空气和水污染，英国科学家正在研究进行综合治理，特别是建立数学模型，进行合理控制。为了保护自然资源，BBSRC 生态和行为研究室与牛津大学合作，利用分子生物学、数学和生态学方法综合研究农业与自然资源间的关系。

4. 生态环境监测、分析和预报研究

农业生产受到许多外界因素影响，而且有些因素难以控制，有些因素决定着农业的利益和发展，因此监测、分析和预报系统在农业中有着极其重要的地位。目前发展较快的一是植物病原体的检测，如酶联免疫吸附（ELISA）检测技术等的使用，既方便又准确；二是水土监测，主要是确定其中的养分、重金属、微生物、农药和胶体物等含量变化，并建立数学模型进行定性和定量预测，力争将污染程度降到最低；三是集约化饲养场监测，包括温度、湿度、光照、噪声、有害气体和微生物，并建立数学模型，确定主要污染源的发生条件和动物所能容忍的最大限度等，保证动物健康和福利，减少疾病；四是生态环境的监测，如害虫及其天敌的迁移和季节分布，种植和养殖间的协作和互作，通过数学分析和模拟生态系统与农业系统间的关系等，求得综合系统的平衡，保证可持续农业的发展；五是对农业生产、市场经济和大众社会综合系统的预测，就是将农业的各种投入、管理方式、环境、市场、政策变动等诸多因素进行综合考虑，预测在各个因素变化条件下，农业生产的产出和收益的变化，从而寻求最佳的投入、管理方式和销售加工模式；六是食品监测，主要是研究食品质量的快速、准确检测方法，如用酶评价淀粉的质量，用免疫法检测面筋成分，用 DNA 检测特异病原体等，科学家还研究用计算机模拟食品病原体的生长，从而合理控制酸度、水分和贮藏湿度等，以期提高食品质量。

5. 营养食品的研究

持续农业也意味着为消费者提供优质、安全和廉价的食品。如 BBSRC 的研究人员正在培育高产燕麦品种，因为燕麦中植物油含量高（8%～10%），氨基酸平衡性好，而且有降低血液中胆固醇的功能，很受消费者欢迎。再如，BBSRC 动物生理和遗传研究所正在研究改善肉质的问题。由于过分强调瘦肉引起口感不佳（嫩度和香味下降）的问题，需要通过育种和饲养方法，增加肌间脂肪。此外，英国的研究人员正在用现代生物技术从细胞和分子水平上研究食物与胃肠道的互作，为食品营养和加工提供实验数据依据。同时，研究食物的防病和抗病作用，这方面的工作日益受到重视，而且市场前景较好，特别是食物与癌变的关系方面的研究最突出。

三、农业发展的经验教训

（一）用法律手段保护和支持农业

英国的农业经历了从比较先进到衰退、恢复，再发展到实现现代化这样一个曲折发展的过程。第二次世界大战后，英国为了扭转农业发展的衰落局面，于 1947 年实施了战后第一部《农业法》。此后，在 1957 年、1964 年、1967 年、1970 年、1974 年多次颁布了鼓励、确保农业发展的法令，用法律手段保护和支持农业，英国的农业生产有了明显的增长。

（二）实行价格保护政策

第二次世界大战后，英国政府制定了保护农产品的价格政策，其主要内容是对本国生产的各种农牧产品（如肉牛、羊、猪、蛋、羊毛、牛奶、谷物、马铃薯、甜菜等）都规定了最低保证价格。如果这些农产品在本国市场上的实际销售价格低于最低保证价格时，销售价格与最低保证价格的差额由政府补贴。英国政府还通过提高某些农产品保证价格和压低另一些产品的保证价格的办法来调控农牧业生产，使之扩大或缩小经营规模，达到预定的目标产量。目前，英国政府每年对农产品的价格补贴金额都在 2 亿英镑。

（三）积极利用国际市场发展本国农牧业生产

英国政府通过进口粮食和部分饲料的做法来发展国内畜牧业，达到国内肉、奶、奶制品和蛋类自给的目标。换言之，对于不易腐烂的农牧产品，以有利的价格从国外进口，而对易腐烂和不耐贮藏的鲜活农产品，则做到逐步自给。

（四）利用共同农业政策促进本国农业发展

英国于 1973 年 1 月 1 日加入欧共体后，积极把本国农产品市场纳入欧共体的轨道，建立共同农产品市场，推进与欧共体农业政策的一体化，促进英国农业发展，稳定农民收入。欧共体制订的农产品保护价格（干预价格）一般高于世界市场价格和英国实行差价补贴所规定的保护价格。因此，英国农业生产者按欧共体制订的保护价格出售能获得较高的收入。此外，属于"共同农业政策"范围的农产品价格补贴转由共同市场负担，对特定农业和园艺业部门的生产和投资也给予资助，这对英国农业都产生了有利的影响。英国是欧共体"欧洲农业指导保证基金"的获益者，从中获得了2亿英镑的援助，占基金总额的23.8%。欧共体社会基金还曾拨款1.41亿英镑，解决英国农民的就业等问题。

（五）用农业政策实现国家对农业的宏观调控

为发挥规模效益、诱导规模经营，英国政府制定鼓励农场向大型化、规模化发展的法令，对愿意合并的小农场，可提供50%的所需费用。对愿意放弃经营农业的小农场主，可获得2 000英镑以下的补贴，或领取终生养老金。政府除对农业进行直接投资外，还对农业基本建设（如土地改良、田间供排水设施）和自然条件较差的山区提供补助金。整治、改良土地可获60%的补贴，对园艺农场进行的土地改良、建筑和购置设备，给以15%～25%的补助；对农场主自己修建道路、堤坝、供电系统等则提供所需费用2/3的补助。对土地条件较差的如高山地的农场以及改进农业工艺等也有奖励。英国每一个地区都设有不同类型的信贷机构，便于从事农业信贷业务。它们以土地或房屋为担保，对购买或改良农田建设农场建筑等提供贷款；购买农业机械、牲畜、土地和农场建筑物的农民，可以使用短、中、长期贷款等3种形式。

第四节　英国农业绿色发展的内涵

英国农业绿色发展的目标很简单，即清新的空气和洁净的水资源、茂盛的植物、丰富的野生物种，以及为英国所有人创造一个更加干净、更加绿色的国家。英国已经在改善环境保护方面取得了巨大的成就，从禁止伤害海洋生物到提高空气质量，再到提高动物福利标准，并将采取进一步行动。

英国农业通过土地可持续利用，为野生动物创造新的栖息地，遏制本地物种的减少并改善英国的生物多样性；通过解决废弃塑料的危害，使英国的海洋更清洁、更健康；通过充分利用新兴技术，建立一个更清洁、更环保的国家，并持续获得清洁增长革命的经济回报。具体做法上，通过对每个塑料袋征收5便士的规定，使塑料袋的使用减少了85%，表明政府的积极行动可以产生良好的效果，并把保护环境的理念融入每个公民的日常行为之中，英国农业绿色发展成为一项具有国际雄心的国家行动计划。英国对农村、河流、海岸线和空气的有计划性保护，为其他国家树立了良好的榜样，为英国带来了巨大的国际影响力，推动全球构建更清洁、更安全的发展观。从减少碳排放和建立极端天气的抵御能力，到保护濒危物种的国际行动，英国都表现出了保护地球环境积极行动者应有的担当。

第五节　英国农业绿色发展的特征

一、土壤管理和土壤肥力

良好的土壤管理是实现绿色农业的关键。无论是在野外还是使用基质，土壤可持续管理的目标都是为了保护和提高土壤的性能，使农民能够在保持和提高环境质量的同时还能获得利润。综合农场管理考虑到农场、地点、地形、作物的选择以及种植方法，并在有关情况下考虑储存水平，其目标始终是创造最优的经济生产水平，保持和提高农场的生物多样性，增加生态服务价值，并尽量减少环境污染。土壤有机质在许多生态系统功能中起着关键作用，也对土壤生产力起着至关重要的作用。土壤有机质有利于蓄水保墒，减少径流，增强土壤的韧性，并为植物生长提供养分。定期监测和记录土壤有机质相关数据有助于生产者了解和评估其对土壤的影响，并确定需要改进的地方。

二、能源效率的提高

英国环境与农业联盟（LEAF）综合农场管理鼓励农民全面了解能源使用情况，例如，谨慎投入农业资料，尽量优化产量，而不是追求产量的最大化，减少对化石燃料的依赖。农场有效利用能源有助于节省成本，更有效地利用资源，减少浪费，并有助于减少农业温室气体的排放。评估当前使用能源的方式以及为不同企业分配能源使用方式是提高能源效率的关键第一步。2016 年，LEAF 认证企业的数量增加，能够实现定期监测其能源使用情况以及在农场生产可再生能源。

三、水资源管理

高效的水资源管理是发展绿色农业的核心部分。合理管理用水，评估并提高农业用水的效率，可以节省资金，并有助于满足未来对水资源的需求。良好的水管理做法有助于保护水源并改善水质。测量灌溉作物的水分利用效率是提高作物生产灌溉效率的重要途径，鼓励农民监测和绘制用水图，从而评估风险，提高效率，并通过回收和再利用，更好地分配和监测用水情况，进而改善灌溉和排水，进行更合理的土壤管理和实现更有效的洗涤系统，最终找到保护水质的创新方法。可以通过增加生物多样性对景观进行全面的管理，有助于保护土壤和水分，从而更好地进行一系列有益于农场和周边地区的生态系统服务。增加农场生物多样性的关键第一步是确定和记录农场当前的栖息地情况，以及采取加强景观和自然保护的行动，比如种植乔木和灌木，合理管理栖息地和水资源以造福野生动物，并安装栖息箱以增加农场的鸟类和哺乳动物的数量，这对保护整个农场的生态系统、栖息地和生物多样性都起着至关重要的作用。

四、污染控制和副产品管理

所有的农业生产方法都会产生副产品或废弃物，这些废弃物有可能造成污染、破坏环境，因此，综合农场管理提倡"减少、再利用及循环再造"的废弃物管理方法，并将废弃物视为一种宝贵的资源。正确管理废弃物有助于节省成本并带来可观的环境效益。英国越来越多的 LEAF 认证企业正在通过多种途径来了解和解决其经营活动对环境的影响，特别是通过使用碳足迹工具来固定碳并生产可再生能源。

第六节　英国农业持续发展的指标体系构建

为了不断促进农业和乡村发展，提升农场竞争力，英国政府在欧盟共同农业政策框架下，采取了一系列政策措施。

一、重视规划引领与计划调控

英国非常重视规划编制工作，其农业规划体系包括两个方面。一是战略规划，由政府组织编制和发布。如英国正在制定的环境战略规划，时间跨度为25 年。国家战略规划发布后，英格兰、苏格兰、威尔士、北爱尔兰可分别制定适合本区域的战略规划。二是产业发展规划，由各行业组织编制，确定产量、科技效率、环境影响等各项指标，由政府发布。据英国海洋渔业管理部门（UK Sea Fish Industry Authority）介绍，在欧盟出台"共同渔业政策（CFP）""蓝色增长计划"的基础上，英国发布了渔业规划，但规划指标都是行业自身预测的，属于引导性指标。战略规划和产业规划作为英国现代农业发展的总依据，一旦发布，不受政府换届行为影响，每一届政府都按照战略和规划要求组织实施，形成了一张蓝图画到底的格局，确保了发展思路和措施的连续性。与此同时，英国政府乃至整个欧盟，都十分重视利用计划手段调控农业生产，如欧盟每年给各个成员国下达海洋捕捞量配额，成员国按此配额控制生产总量，确保海洋捕捞量的稳定，以获取最大化的经济价值。

二、健全法律法规体系

英国农业相关法律法规体系健全，从农田到餐桌，覆盖农业全产业链的各个环节。英国渔业企业从注册到运行都有严格的法律法规约束，仅选址和养殖两大关键环节法律法规条款就有 300 多项。其中，用地方面，英国出台了《城乡规划法案》《土地改革法案》《海洋渔业法案》《海洋空间方案》等法律法规，确保土地和水资源的合理使用；养殖方面，英国约有 295 条法律适用于水产养殖，涵盖环境评估和检测、废水、饲料、种苗、取水和排水、外来物种的管理、生物多样性的影响、船舶和船员、动物迁徙和逃离、库存、食品安全、化学品的使用、鱼类健康、雇工健康和安全等方面的内容。此外，与欧盟其他国家相比，英国更加重视动物福利和环境保护，出台了《动物权利法》（Bill of Animals' right）、《环境保护法案》（Environmental Protection Act）、《水资源法案》（Water Resources Act）、《自来水工业法案》（Water Industry Act）、《环境法案》（Environmental Act）、《清洁大气法案》（Clean Air Act）、《城乡规划法案》（Town and Country Planing Act）、《野生动物和乡村法案》（Wild Life and Countryside Act）等一大批法规。其中，《动物权利法》对农场在运输动物过程中的车辆状况、动物密度都做了细致的规定，包括途中必须小心谨慎，避免动物受到伤害和痛苦等。如运输动物行程连续时间不得超过 8 小时，在运输途中应及时为动物提供食物、饮水和充足的用餐时间，动物生病受伤，应立即停止运输；屠宰时必须准备适当的设备、工具，避免引起动物的痛苦，被称为百年来最严厉的一部动物保护法。

三、积极推进农业科技创新

为使农业创新在世界领先，英国政府 2013 年出台了农业技术战略，每年农业科技创新投入 4.5 亿英镑，主要用于科技成果转化、创新在供应链中的应用、提高行业领导力和技能水平、出口品牌打造等。其中，7 000 万英镑用于 77 个科技成果转化项目，如废弃物处理、土豆的病虫害防治、奶牛的精准饲养和疾病预防技术、GPS 定位和雷达监控作物施肥地点和数量与最佳施肥和收割时间等精准农业技术。在英国的农业技术战略中，企业是技术创新主体。G'SGROUP 公司成立于 1952 年，拥有 1.1 万公顷土地，是欧洲最大的生产沙拉蔬菜的农场。2014 年公司投入 1.74 亿英镑，开发了种子包衣、泥煤秧盘自动播种和移栽设备，以及温室环境自动控制系统，自主研发的蔬菜收获机械远销国内外。这些技术为该企业稳居欧洲第一提供了重要支撑。

四、政策创设注重有效性

在欧盟共同农业政策和 WTO 规则的基础上，英国根据自身实际对农业政策进行了完善，主要包括"基本支付""绿色计划""乡村发展"3 个方面。据英国乡村支付局（RPA）介绍，2014 年度英国共支付上述 3 个方面的项目资金 32.62 亿英镑。在英格兰，"基本支付"占 74%，主要用于支持农场发展生产。在支付条件上，要求农场规模不低于 5 公顷、保持土地生产力、必须永久种植作物或草等。在支持方式上，主要表现为直接补贴，补贴多少与耕地质量相匹配，按照高、中、低 3 个等级给予补贴。在支持程序上，农场主填写申请表并提交农场所有土地的类型图和作物分布图，乡村支付局委托第三方机构将英格兰 220 万公顷农用地划分为 2 200 个地块，绘制成详细的地理信息图上线入库，并作为补贴审批的重要依据，批复后免费向农场主提供一套与补贴相对应的农田分布图，实现了政策落实精准化。同时，2015 年"基本支付"还包括了"青年农场主计划"，对于想投身农业 18～40 岁的青年，可以获得青年农场主补助。"绿色计划"占 23%，主要用于促进农业生产环境的改善，开展农田边界、河岸花草的种植和乡村景观保护和维护。申请条件是维持绿地 5 年以上、作物多元化和保护生态关注区。"绿色计划"还设置和规定了一系列环境监管规则，鼓励农场主发展风能、太阳能、水利、生物质能等可再生能源。"乡村发展"占 3%，主要用于农业、乡村环境项目和社会经济项目，包括固定资产投资、农业景观等，一个农场或几个农场联合以及农业企业都可以申请。这 3 项政策的实施，对于稳定农业生产、促进农场规模不断扩大、保护自然资源和生物多样性、提高公众环境保护意识发挥了重要作用。

五、鼓励发展农业合作组织

英国政府积极支持农业合作组织发展，形成了农业联合会（National Farmers Union，NFU）、农业付费组织、技术支持组织、农业合作社 4 种农业组织。其中，农业联合会成员比较广泛，主要代表会员与政府、媒体和公众沟通交流，提供信息、法律服务。付费类组织成员按生产品种、收成上缴一定比例费用，会费主要用于研究、市场开发、教育培训等方面，如英国农业园艺理事会（Agriculture and Horticulture Development Board，AHDB）每年收缴的费用超过 6 000 万英镑。技术支持组织主要由行业内外的一些专家、企业负责人组成，就相关生产问题进行研讨并提出建议。农业合作社是英国较为重要的组织，由农场主、农场雇员、客户、供应商等组成。2014 年，英国共有 621 个农业合作社，涉及 15.5 万农民，总营业额约 62 亿英镑。据介绍，英国的农业合作社分为 3 类：第一类是具有竞争性的合作社，如农机合作社、农业咨询合作社等；第二类是供应链合作社，如粮食采购、包装、销售、质量控制等合作社；第三类是垂直整合类，主要是拥有自己品牌的合作社。合作社经费结构中，会员缴纳、政府拨款、银行贷款各占 1/3。合作社会员共享信息、共享生产设施和农产品储藏设施，有利于专业化生产、确保产品质量、打造品牌、增加产品附加值、共同抵御市场风险。在合作社基础上，又发展形成了合作联社，在英格兰称为英国农业合作社联盟有限公司，在苏格兰称为农业组织协会。如 The Co-operative Food 农业合作社建立了全国性的连锁超市，所开设的门店在伦敦大街小巷随处可见，销售的产品主要来自会员农场，为稳定市场农产品、食品价格发挥了重要作用。

六、注重职业农民培训

英国农民培训是唯一得到政府资助的培训项目。目前，英国已有近 100 所农业专科学校、200 多个农业培训中心、约 2 000 所农场职业技术中学和 57 所农业高校，构成了农民培训网络，基本满足不同层次人员的需要。1982 年，英国政府颁布了《农业培训局法》，规定了教员或辅导员的条件，严格落实考核制度，对于参加培训班并经考试合格的学员颁发"国家职业资格证书"。为避免滥发资格证书，政府专门成立了职业资格评审委员会，每年冬闲时节，农场主和职业经理人参加培训并取得相应的资格证书。实践表明，完善的职业农民培训体系，为提升农民素质、推广应用先进农业技术提供了有力保障。

第二章

英国种植业绿色发展

第一节　气候资源的特点及分布规律

英国属于温带海洋性气候，纬度较高，但全年气候温和，年均降水量1 100毫米。冬季温暖，夏季凉爽，季节温差很小。英国的耕地面积为608万公顷，人均耕地面积为0.1公顷；还有永久性牧场1 105万公顷，适宜发展畜牧业。

中纬度岛国的位置、盛行西风和频繁的气旋活动、北大西洋暖流等，决定着英国主要的气候特征，包括光热条件的特征；而海拔高度、地形部位、南北间的纬度差，则是造成各地区间气候差异的重要因素。

一、光照条件

英国日照时数普遍偏少，而且有自南向北、自东向西、自低向高递减的趋势。各地年平均昼夜日照时数在2～5小时。处于北纬51°的英格兰东南部沃信一带，年平均昼夜日照时数有5小时，而在北纬60°的设得兰群岛则不足3小时。在相近纬度上，英格兰东部沿海低地有4.0～4.5小时，在奔宁山地只有3.0～3.5小时；在苏格兰东北沿海低地超过3.5小时，而在北苏格兰高地的西部只有3小时左右。

造成英国日照时数偏少以及上述地区变化的原因，是其温带海洋性气候的全年湿润、多云多雾的特点造成的，最明显地表现在夏季的日照时数及其分布上。众所周知，北半球的夏季是昼长夜短，而且纬度愈高昼愈长、夜愈短。夏至前后，英国东南部伦敦一带昼长可达18小时，苏格兰首府爱丁堡可达20小时，北部设得兰群岛已近北极圈，昼长更高达22～23小时。而实际上，上述3处的日照时数却分别只有7小时、5小时、4.5小时左右，也就是说，上述地点在夏季月份里有40%～80%的白昼为阴云天气所笼罩，而且愈向北，阴雨天气笼罩的时间愈长。英国东部与西部、低地与高地日照时数的差别，也与阴雨天气笼罩的时间长短密切相关，因为它直接关系到农作物的生长，尤其是谷类作物的结籽成熟、果树的开花结果、牧草的生长和干草的制备等。总的来说，英国夏季的光照条件是对于农业发展不利的，尤其对各种农作物的生产和分布起相当大的限制作用。以小麦为例，西、北部的日照时数不能保证它稳定发育、成熟，东、南部的日照时数虽较多，但仍然偏少，对小麦品质有不利影响。因此，光照不足是迄今英国食用谷物还不能自给的重要原因之一。

二、气温及其地区变化

英国气温的特点是，冬季温和，夏季凉爽，年较差小。冬季，整个英国皆处于北大西洋暖流形成的"暖湾"之中，大部分地区1月平均气温在3~7℃，比起世界上其他同纬度地区高得多，如柏林1月平均气温为－0.3℃，华沙为－3.6℃，温尼伯更低至－21.7℃。相反，夏季英国由于受海洋调节和凉爽西风的影响，气温却低于其他同纬度地区，7月英国各地气温为14~17℃，而柏林为17.5℃，华沙为17.7℃，温尼伯超过19℃。因此，英国的年平均气温显著高于同纬度其他地区，气温年较差显著小于同纬度其他地区。英格兰南部年平均气温多在10℃上下，而柏林为9.1℃，华沙为7.6℃，基辅为6.9℃，伊尔库沃克为1.3℃。英格兰南部气温年较差仅12~14℃，而柏林为19.1℃，华沙为22.5℃，基辅为25.3℃，伊尔库茨克为38.2℃。英国在世界中纬度地区中属于秋播作物和果树等多年生作物越冬条件较好、牧草和农作物生长期较长的地区之一，也是夏收作物成熟期气温条件较差的地区之一。

英国境内各地间气温有明显的差异。冬季，北大西洋暖流的影响以西部和西南沿海最为显著，愈向内陆和愈向东去，影响愈小。反之，从欧亚大陆侵入的寒冷气流，则主要影响东部，并往往造成严寒天气。因此，冬季英国境内的等温线基本上是南北向，即气温差异主要在东西之间。以1月为例，位于大不列颠岛北端的威克的平均气温同东南部的诺里季、剑桥一带没有多大差别，而位于西海岸的霍利黑德却比相近纬度但处于东部的约克和诺丁汉要暖和2℃以上。夏季，英国各地气温的变化主要受纬度差的影响，表现为南暖北凉。大不列颠岛南部7月平均气温普遍在17℃以上，北部则低于13℃，南北间相差4~5℃。在一般英国地理文献中，通常以1月4.5℃的等温线和7月15.5℃的等温线为界将全国分为4个部分，即冬暖夏热的西南部、冬暖夏凉的西北部、冬冷夏热的东南部、冬冷夏凉的东北部。诚然，这暖、冷、热、凉之间相差不过2~4℃，但对于年平均气温只有10℃上下，夏温偏低接近农作物结籽成熟低限气温的英国来说，是相当重要的。冬暖意味着牧草生长期长，草场利用时间长，牲畜圈养时间短，畜牧业成本低；冬冷则情况相反。夏热意味着夏收作物发育成熟条件好，果树开花结果条件好，蔬菜瓜类长势旺；夏凉则相反。因此，无论从发展种植业还是发展畜牧业看，西南部的气温条件都最好，东北部则最差。以东南部与西北部相比，东南部发展种植业的气温条件相对优越些，而西北部发展畜牧业的条件比较有利些。

海拔高度对气温的影响十分明显。顿贝里和埃斯克达尔摩尔两地纬度大体相当，但因海拔相差 234 米，1 月气温相差 2.7℃，8 月相差 1.6℃；霍利黑德纬度还稍高于腊亚达尔，只因比腊亚达尔海拔低 220 米，1 月要暖和 2.7℃，8 月要热 1.1℃。在英国，气温垂直变化对农业的影响，集中体现在耕地和人工改良草地连片分布的上限上，而其最重要的标志却是泥炭沼泽分布的下限。英国低地带海拔较低，夏季气温又较高，基本上不存在泥炭沼泽。因此，仅从气温条件看，这里不存在妨碍耕地和人工改良草地连片分布的因素。在高地带，泥炭沼泽分布的下限随夏季气温自南向北递减而逐渐降低。在康沃尔半岛和威尔士，泥炭沼泽分布下限一般在海拔 300 米以上，在英格兰西北部的湖区和奔宁山脉降为海拔 180～240 米，而在苏格兰的大部，这一下限仅为 150～200 米。

三、气温的年际变化

在英国，1 月出现 13～15℃的温暖天气是常有的事，－7～－5℃的低温亦常见。1895 年在苏格兰阿伯丁附近的布列马曾测得－27℃的绝对最低气温。此类酷寒出现次数不算多，但一经出现则往往伴随有强烈的暴风雪，不仅严重危及越冬作物、果树和草地，而且容易造成畜群的重大损失。相反，当英格兰东南部夏季受副热带高压带长时间控制时，也会出现 32℃以上的高温。1911 年 8 月，格林尼治曾测得 37℃的绝对最高气温。这类酷暑发生次数和持续天数均少，但往往会带来短期干旱，导致农作物和牧草的一些损失。此外，英国大部地区地形复杂，小气候条件变化多端。因此，诸如向阳坡和背阴坡、丘陵坡地和河谷底部等在配置果园和菜地、选择畜舍位置和牲畜冬季放牧草场时，均是需要认真考虑的因素。

四、生长期、积温和霜冻

英国农业以畜牧业为主，各类牧场和人工草地的合计面积远远超过农作物的种植面积。因此，通常按照牧草开始或停止生长的界限温度计算生长期长短，并以此作为计算积温的基础，一般将此界限温度定为 6℃。

（一）生长期

冬季温暖的气候特点，使英国各地普遍具有较长的生长期。除去少数高寒山区外，大部分地区的生长期均在半年以上。因此，若单纯从生长期长度来看（暂不考虑积温），多数地区不仅足以栽培一季麦类作物和马铃薯，甚至足以种植玉米、大豆、水稻等作物，各类牧场和草地也可长时间用于放牧。

各地间生长期天数差别相当大。在英格兰南部沿海、康沃尔半岛、威尔士西南沿海等地，生长期长达 300 天以上，牲畜几乎可以全年在草地上放牧，大大降低了畜产品的成本。生长期开始早（2 月下旬至 3 月中旬），也使这些地区可以栽培早熟蔬菜、马铃薯等时鲜产品，从而在消费市场上占据有利地位。相反，在北苏格兰高地和南苏格兰高地等处，生长期只有半年左右，牧草生长时间短，大大影响了草场的利用效率。

生长期的长短对英国各地畜牧业的经营方向有重大影响。在生长期长的地方，经营长周期的畜牧业，如乳牛业、肉牛饲养业等比较有利，因为可以较充分地利用放牧条件。相反，在生长期短的地方，农场主倾向于经营周期较短的畜牧业，如羔羊业、幼牛业、幼羊业或肉畜育肥业等，以加紧利用夏季放牧条件，减少冬季喂养的牲畜头数。海拔高度对生长期天数影响颇大，据估计，海拔每升高 79 米，生长期相应减少 10 天，在地势崎岖的高地带，组织农业生产时，充分考虑不同高度的生长期是很重要的。

（二）积温

积温对于英国农业生产及其分布的影响，远远超出生长期。上面已经述及，英国各地至少有半年左右的生长期，对发展种植业并不构成严重障碍。但是，积温偏低，不仅限制了适宜在英国种植的农作物种类，而且使某些地区很难发展起稍具规模的种植业。夏季气温是英国各地积温多少的决定性因素，而夏季的凉爽则是造成积温不足的直接原因，即使在夏温最高的英格兰南部，6℃以上的积温也仅约 2 500℃，不满足喜温性作物，如棉花、水稻、大豆、玉米等对热量的需要。因此，英国的种植业以栽培适合生长于温凉条件下的麦类和根茎类作物为主。

英国的积温分布呈自南向北、由低地向高地逐步递减的规律。英格兰南部积温最多处，适宜种植的作物除麦类、甜菜外，还可栽培多种果树。愈往北、愈往高处，可以种植的作物种类愈少。到积温 1 500～2 000℃ 的地区，一般只能种植对热量要求很低的大麦、燕麦、马铃薯等。在北苏格兰高地，有不少地区积温不足 1 000℃，基本上已无稳定的种植业。

（三）霜冻

从已有资料看，英国各地的绝对无霜期是比较短促的。晚霜在 4 月是常见现象，5 月甚至 6 月也偶有发生。早霜一般出现在 9 月或 10 月，个别地方甚至 8 月也见初霜。对于性喜温凉的麦类、根茎类大田作物和牧草，轻微的春霜和秋霜不致产生严重后果，但是对于正在开花、结果或正值成熟阶段的果树，霜冻则往往引起损失。从霜日数看，一般是内陆多于沿海、高地多于低地，这种分布规律，对于研究英国的作物布局固然有其参考价值，但是，充分估计局部地形引起的小气候差异，恰当选择果园和某些菜园的位置，更具有实际意义。众所周知，由于冷空气沿坡面下沉并积聚于低处所造成的逆温现象，霜冻较频繁、较严重地出现于谷底和洼地。据在英格兰南部果园集中地区的研究，在面积不过 100 公顷的范围内，因地形部位不同，引起日最低气温的差异可达 2.7～3.3℃。这大体相当于从海平面至海拔 300 米处，或者大体相当于英格兰南部沿海至苏格兰东北部沿海之间夏季平均气温的差别。由此可见，选择有利地形部位是使果树和某些蔬菜作物少受霜冻危害的关键。

五、水分条件

英国终年湿润多雨，农作物或牧草生长所需水分，基本上可由大气降水满足供应。但不能由此推断，地表水和地下水资源在农业上是无关紧要的。因为农业用水不仅是作物或牧草生长需水，还包括牲畜饮水、畜舍清扫用水、农业机械用水、各种冷冻用水等，这些并不是大气降水全能解决的。只是由于这些方面的用水，比起工业用水是微不足道的，只及工业用水量的 4%，而且在英国也不存在供应上的严重困难，故不予专门分析。

(一)降水量

英国的降水量有以下 5 个主要特征。

1. 降水充足，明显多于同纬度其他地区

英国大部地区的年降水量为 600～1 500 毫米，不仅远远超过俄罗斯和加拿大的草原带，也多于欧洲大陆。从相近纬度各地的比较看：伦敦年降水量为 607 毫米，柏林为 554 毫米，华沙为 536 毫米，爱丁堡为 700 毫米，哥本哈根为 573 毫米，莫斯科为 587 毫米。从当今世界范围的农业分布来考察，中纬度温带地区有两种主要农业类型：一是温带较湿润地区（或温带海洋性气候）以畜牧业为主的农业；二是温带较干旱地区（或温带大陆性气候）以种植麦类作物为主的农业。英国降水量明显超过同纬度其他地区，其农业更接近第一种类型的农业特征。

2. 降水量超过蒸发量

由于气温偏低加上多云多雨，英国各地的蒸发量普遍较少，全年均在 350～500 毫米。英国几乎所有地区的年降水量皆超过蒸发量。因此，对英国农业来说，主要问题不是水分不足，而是水分过多。

3. 季节分配比较均匀

英国降水量四季差别不大。春季降水最少，占全年 18%～21%；秋季降水较多，也只占全年 28%～30%。这样的季节降水量分配，基本上能保证大部分地区各时期农作物和牧草生长对水分的需求。春季相对少雨，有利于土壤温度的回升和越冬作物、牧草恢复生长。没有偏旱的夏季则不利于作物成熟、干草的备制，也不利于作物收获后的整地作业。秋、冬多雨潮湿，对放牧牲畜也造成不利影响。

4. 雨日多

在英国通常采用每昼夜降水不少于 2.5 毫米作为雨日的标准。按此衡量，雨日最少的伦敦为 160～170 天，雨日最多的是北苏格兰高地的西部，达 260 天以上。雨日多，不仅不利于许多农业活动，而且日照时间减少，对农作物生长也造成了负面影响。

5. 年际变化小

英国的降水，主要是盛行西风影响下的气旋雨，局部地区地形雨较丰富。夏季对流雨虽时有发生，但对全国降水量分布的影响是相对次要的，降水的这种特性，决定了英国降水具有年际变化小的特点。对近 90 年历史记录的分析表明，各地一般年份降水量的距平值都在 10% 以内，距平值≥20% 者只有 10 年，距平值≥50% 的年份极少出现。降水量年际变率小，显然有利于英国农业的稳定生产，不过偏旱、偏湿年份的农作物产量还是有明显差别的，一般的规律是偏旱年份丰产，偏湿年份低产。

（二）地区差异

英国降水分布特点是，西部多于东部、北部多于南部、高地多于低地。英格兰东部和东南部低地，年降水量在 750 毫米以下，自此向西、向北，降水量逐渐增多，康沃尔半岛、威尔士、奔宁山地、坎布里亚山地和苏格兰大部，普遍在 1 000 毫米以上。北苏格兰高地西部盛行西风，地形雨特别丰富，年降水量达 1 500 毫米以上，最多的地区超过 2 500 毫米。

苏格兰是英国四大地区中降水量最多的。境内年降水量不足 750 毫米的地区限于东部沿海，只占全苏格兰面积的 7%，750～1 000 毫米的地区占 26%，1 000～1 500 毫米的地区占 39%，超过 1 500 毫米的地区占 28%。英国蒸发量的地区分布恰与降水量相反。英格兰东南部蒸发量最大，一般在 500 毫米以上，愈向西北地势愈高，蒸发量愈少，在苏格兰西北部普遍少于 400 毫米。因此，在年降水量不足 750 毫米的英格兰东南部，年降水量一般是蒸发量的 1.2～1.5 倍，在夏季月份有蒸发量大于降水量的时期，有利于土壤降低含水量，便于作物成熟和收获。因此，不少英国学者将 750 毫米等降水量线看作重要的农业分区界线，该线是多数农作物，尤其是小麦可以稳定成功种植的界线。另外，在夏季尤其是偏旱年份的夏季，英格兰东南部也有可能出现短时期的干旱。这类干旱对牧草和一般大田作物不会造成严重后果，但在种植果树和某些蔬菜作物时则是必须考虑的因素。

在英国西北部高地带，降水量普遍是蒸发量的两倍以上，在迎风坡则达 4～6 倍。在这些地区，无论是偏旱或偏湿年份，也无论是夏季或冬季，降水量总是超过蒸发量。在这里的农用地上，若无良好的自然或人工排水条件，土壤水分总是处于过饱和状态，对农作物和牧草生长都构成限制性因素，甚至导致任何耕作都不能正常进行，土壤水分过多使土温降低，对农作物和牧草生长也会产生间接的不利影响。

（三）积雪和雾

英国虽然冬季温和，但是各地都有多少不等的积雪，积雪日数（通常指早晨地面有雪的天数）呈自南向北、自低向高、自沿海向内陆增加。英格兰南部沿海平均每年积雪日数不足 5 天，其他沿海地区和英格兰南部内陆为 5～10 天，其余的多数地区在 10～30 天，苏格兰内陆地势高，在 30 天以上，高山地区积雪日数普遍在 100 天以上，而且海拔每升高 15 米即增加 1 天，尼维斯山每年积雪超过 170 天。积雪对于英国农业利少弊多。英国冬季酷寒天气不多，作物和牧草越冬无大碍，无需雪被的保护。冬、春土壤水分充足，作物和牧草返青也无需依靠融雪水的补充，相反，积雪会妨害冬季放牧，增加牲畜圈养和舍饲的时间，提高畜产品成本，严重的暴风雪不仅可能招致畜群的损失，而且会由于影响交通而不利于鲜乳等农产品的正常运输。对于高地和山区的畜牧业生产，积雪的不利影响尤其明显。

英国向来以多雾为特点。雾日数与局部地形和小气候条件关系密切，呈现比较复杂的变化。雾多对农业生产也有不利，因为它会减少日照时间和强度、降低气温，同时也影响耕作、放牧和农业运输等。

从本节的分析可以看出，英国自然环境对发展农业生产有着有利和不利的两类因素。有利的因素是：大部土地可供农业开发，农作物和牧草生长期长，水分有保证。不利的因素是：光热不足，积温偏低，部分地区水分偏多，优质土地较少。

众所周知，一切植物的生长离不开光、热、水、土。英国的土地条件并不构成发展农业的严重障碍。一些地区地势复杂崎岖，可以通过合理布局各类农用地予以调节，解决土壤酸性和肥力不足可以借助施用石灰和化肥，这些在现代科学技术水平下都是不难做到的。英国水分条件总的来说是不差的，部分地区水分偏多是光热不足派生出来的问题。英国多数地区年降水量600～1 500 毫米，但由于光热不足，导致蒸发量低于降水量，土壤含水量过高。而通过修建地面或地下排水工程排除多余的水分，技术上并不存在突出的困难。

第二节　种植业结构现状

在英国农业中，农场是基层经营单位。20 世纪 60 年代以来，各种形式的农工综合体发展很快，对于促进农业的现代化和劳动生产率的提高，起着日益重要的作用。

一、农场土地占有方式

从土地占有关系来看，英国农村有三类人员，即土地所有者、租佃农场主和农业工人。在土地所有者中，一部分是完全不参加农业生产，专靠出租土地收取地租的大地主；一部分是占有土地不多，靠自己和家庭的劳动力为生的自耕农。租佃农场主中，一部分是雇佣农业工人的大农场主，另一部分是自食其力的中、小农场主。

大地主土地占有制度是封建制度的残余，一部分来源于旧的封建贵族土地占有制，一部分是在从封建社会向资本主义社会转变时期出现的大土地占有制，这类大土地所有者同资产阶级有密切的联系，大地主土地占有制度阻碍了农业的发展，尤其是使租佃者失去对土地实行投资的兴趣。在社会各阶级的要求下，英国政府从 20 世纪初起，就陆续对大地主的权利实行一系列限制措施，其中自 30 年代以来，实施的庄园税和对租金的限额是促使大地主土地所有制解体的关键措施，它使地主们觉得出租土地无利可图，于是把土地售出，或者在占有的土地上自己开办和经营农场。因此，目前英国农场的土地占有方式分为两种：一种是自营（或基本自营的）农场；一种是租佃（或基本租佃）农场。而北爱尔兰的情况与大不列颠稍有不同。爱尔兰农民在 19 世纪曾进行过反对英国统治和争取土地的斗争，迫使英国政府不得不在 1870 年和 1896 年颁布法令，由国家从地主手中以高价强制赎买土地，然后转卖给农民，并责成农民将这笔款项在 49 年内分期付给国家。这样，北爱尔兰没有租佃农场，绝大多数农民都是自耕农，第二次世界大战结束以来，随着农业的发展和农业收入的增加，租佃农场进一步迅速减少，自营农场不断增加。1951 年，大不列颠租佃农场占农场总数的 68%，自营农场仅占 32%。到 1983 年，情况恰好反了过来，自营农场占 69%，租佃农场只占 31%；同年，自营农场占农用地总面积的 60%，租佃农场占 40%。1960 年以来自营农场和租佃农场所占比重相互消长，至今租佃农场的平均规模大于自营农场。1983 年，大不列颠共有租佃农场 6.8 万个，合计占用 660 万公顷农用地，平均每个占用 97.1 公顷；自营农场 14.9 万个，共占有 974 万公顷农用地，平均每个占用 65.4 公顷。造成这种差异的部分原因是，自营农场中多数是历史沿袭下来的占有土地较少的自耕农。

二、农场规模与农场兼并

英国农场平均规模大，大农场比重高，小农场比重低。英国的平均农场面积约为 57 公顷，而主要谷物和大田蔬菜地区的农场面积为 120 公顷，超过100 公顷的农场占据了 62% 的谷物面积。这是英国农业能够发挥规模优势，取得良好效益的原因。

（一）农场规模分级

考察英国的农场规模及其分级，有 3 个通用的标准，即农用地面积、"标准人日"和雇佣工人数。

1. 按农用地面积分级

一般将占用农用地 50 公顷以上划为大农场，20～49.9 公顷的为中型农场，20 公顷以下为小农场。实际情况远较此复杂，例如同时存在不足 2 公顷的超小型农场和大于 200 公顷的超大型农场。据统计，英国 68.8% 的农场是面积不足 50 公顷的中、小农场，但合计只占全国农用地总面积的 18.1%，其中面积不足 5 公顷的农场占农场总数 13.8%，却只占全国农用地面积的 0.5% 左右。在英国农业中起主导作用的是大农场，其中 100 公顷以上的大农场占农场总数 14.9%，却占用农用地总面积的 64.6%。

2. 按"标准人日"分级

按农用地面积对农场规模进行分级固然简便易行，但是极不精确，也难于比较，因为扩大农场的目的归根到底是增加产值和收入，相应就要增加劳动和资金的投入。对于经营方向相同的农场来说，土地的数量无疑是衡量其规模的主要依据，但对经营方向不同的农场来说，单纯分析土地面积的多少就失去了意义，因为其单位面积的资金和劳动投入、产值和收入差别很大，例如，占地不足 5 公顷的集约园艺农场，就很难说其规模一定小于占地 100 公顷的粗放养羊场。因此，在英国某些官方文件和一些作者的著作中采用"标准人日"数作为衡量农场规模的标准。"标准人日"是指种植一英亩某种作物或饲养一头某种牲畜全年所需要的劳动日数，而一个劳动日是指在英国一般情况下一个全时劳动力在 8 小时内所能完成的工作量。"标准人日"根据大量典型调查，并针对不同作物和不同牲畜分别确定。

把每个农场种植的各种作物面积和饲养的各种牲畜，乘以相应的"标准人日"，再加总起来，就得出各个农场的"标准人日"总数，以此作为衡量不同经营方向的农场规模的基础，比起按土地面积衡量，显然要合理得多。目前通常以 250、500 和 1 000 个"标准人日"为准，将英国农场分为超小型、小型、中型和大型 4 级。

数量最多的是不足 250 个"标准人日"的超小型农场。可以说这类农场基本上都是由兼业农场主经营的，因为其农业劳动占用不了一个全时劳动力的全年工作量，所以农场主本人及其家庭成员皆兼做非农业工作，以取得其他收入。此外"标准人日"为 250～499 的小农场，也有一部分由兼业农场主经营。英国全部农业活动的 70% 以上集中在占农场总数一半左右的中、大型农场，尤其集中在占农场总数 12.4% 的大农场。可以想象，这些大农场是英国农产品的最大供应者和农业收入的最大获取者。"标准人日"超过 1 000 的都是大农场，它至少需要有 3 个以上的全时劳动力来经营，故必然雇佣较多农业工人。

3. 按雇佣工人数分级

雇工人数是区分英国农场规模相当重要的依据。英国绝大多数农场是不雇佣固定工人的家庭农场。一般小农场都是家庭农场，83.7%的农场是不雇佣或只雇佣一名农业工人的自营或基本自营的农场。农业工人主要受雇于资本主义大农场。大、中型资本主义农场则主要或基本依靠雇佣工人进行生产，它们合计雇佣 18.5%的农业工人。

综上所述，英国农场虽以中、小型农场居多，但大部分土地、农业工人、农业活动集中于占少数的资本主义大农场。这是其农业生产和劳动生产率水平高的原因之一。

（二）农场兼并

1. 农场规模的地区差异

英国农场规模存在明显的地区差异。苏格兰农场平均规模最大，大农场占用农用地的比重占绝对优势。英格兰的情况类似于苏格兰，但平均每个农场占用农用地面积只及苏格兰的一半左右，原因是英格兰农业的集约化水平远比苏格兰高。北爱尔兰平均农场规模最小，而且以中、小农场居绝对优势。显然，这同前述北爱尔兰的历史发展有密切关系。至今北爱尔兰的农场绝大多数属于自耕农经营的家庭农场。雇用固定全时工人 4 人以上的资本主义大农场只占农场总数的 3.5%，远低于英国全国的平均水平。威尔士的农场规模介于北爱尔兰和英格兰之间，也以中、小农场所占比重大。这两个地区农业生产水平偏低，农场规模较小不能不说是重要原因之一。

2. 农场兼并

第二次世界大战结束后，尤其是 20 世纪 60 年代以来，英国农场的兼并日益加剧，农场数量减少，但是平均规模扩大。1964—1983 年，英国农场共减少 18.3 万个，共计减少 41.1%。减少的全是面积在 50 公顷以下的中、小型农场，而且面积越小的农场减少的速度越快，其中面积不足 2 公顷的超小型农场减少了 82.1%。与之相反，面积 50 公顷以上的农场却从 5.7 万个增加到 8.2 万个，共计增加 43.6%。而且面积越大的农场增加得越多。资料表明，英国的中、小型农场正日益被资本主义大农场所兼并。

诚然，农场兼并伴随着农业技术水平的提高，尤其是新技术和大型专用设备不断用于生产，以及农场之间竞争加剧，这是在资本主义发达国家中普遍出现的趋势，但是具体到英国，又有其特点。第二次世界大战后，英国政府为了改变农产品过分依赖进口的局面，促进农业改革，加速发展资本主义大农场，排挤兼并小农场，以便适应农业机械化的需要，增加农业产量。1947 年颁布的影响深远的《农业法》所规定的第二个目标，就是对生产效能低、劳动生产率低的小农场进行合并。

1965 年，英国政府在《农业发展》的白皮书中提出将小农场合并为大农场的方针，并对退出农业生产的小农场主予以遣散。1967 年的《农业法》又规定两种方案：一是对政府批准合并的农场给予 50% 的补贴费用，以资鼓励；二是发给退出农业的小农场主以奖励金。但是这些方案没有取得预期的效果。其原因：一方面是规定金额过低，对小农场主缺乏吸引力；另一方面，许多小农场主兼营非农业活动，农业收入虽少，也不愿意轻易离开农村。因此，直至60 年代后期，英国农场减少不多，一直保持在 40 万个以上。

从 60 年代末起，尤其是进入 70 年代后，随着整个世界包括英国经济状况的恶化和农产品市场竞争的加剧，规模小、资金少的小农场不断破产，越来越多的自营小农场被迫出售自己的土地，小租佃农场也自愿退出租佃权。二者都从农业中被排挤出来，他们经营的土地陆续集中到资本主义大农场，从而加速了农场兼并过程。1973 年英国加入欧共体并经过 5 年过渡期，逐步实施共同农业政策以来，农场兼并过程有增无减。这跟欧共体推行一系列农业改革政策，鼓励农业生产集中化有密切联系。

三、农工综合体

20 世纪 60 年代以前，英国农业由农场经营，而农业生产资料和农产品的供、销，以及运输、加工等环节，由别的部门和行业经营，增加了许多中间环节和渠道，从而增加了产品成本，不利于农业生产的发展。60 年代以后，随着农业生产专门化和社会化的进展，农业内部和社会内部分工越来越细，农业企业之间和农业与其他部门之间的协作日益密切。在这种形势下，迅速发展的农工综合体，把农产品生产、加工、流通过程中的农业部门、工业部门和商业部门结合在一起，使产供销相互促进。当前英国的农工综合体主要有三类。

（一）农工联合企业

这是完全一体化的农工综合体。这类农场本身拥有或租用土地，直接开办农场，从事大规模的农业生产，并将农业同产品加工、储运、销售以及生产资料的生产结合在一起，形成了相当完整的经济体系。英国联合食品公司（Associated British Foods，ABF）即属这类农工联合企业，它拥有蛋鸡场和肉鸡场，用自己生产的谷物制造配合饲料，并通过下属的"汤普松公司"经营零售贸易。著名的樱桃谷饲养有限公司是世界上经营商品性养鸭业的现代化巨型企业之一，它拥有种鸭繁育、孵化，商品鸭生产，以及屠宰、加工、销售等全套机构和部门。年产商品鸭 700 万只,其中多数经加工和包装后供应消费者,余下的是雏鸭,供应英国各地鸭场作为种鸭或用于肥育。该公司还设有家禽出口部,向世界各国供应种鸭和繁殖技术。

(二)合同制农业企业

这类农工综合体一般是由工业公司与农场主签订合同,农场主接受公司提供的生产资料和贷款,农场的产品全部按协议的价格出售给公司,农场的生产计划和经营管理则受公司的监督。如英国糖业公司的华芬顿糖厂,日处理甜菜上万吨,它通过合同联系大批农场。这种工农挂钩的联营方式,使糖厂有比较稳定的原料来源,农场主也有比较稳定的销路和价格保障,有利于两者的发展。

(三)同业生产者的联营企业

这是生产同类产品的农场组成的联营企业,同时兼营收购、销售、加工、运输等业务。规模最大的是英国奶业协会,它是全国性机构,并在各地设立分支机构,共有会员农场 4.2 万个。牛奶销售局统一组织会员农场的牛奶生产、运输、加工和销售,并同政府磋商制定鲜奶和乳制品的保证价格。它通过分布各地的分支机构,有计划地调度牛奶进入消费市场和乳品加工厂。农工综合体的发展,有利于密切工农之间、产供销之间的联系,它把现代化的工业生产和管理技术推广到农业中,加速农业的技术改造。农工综合体内部的计划性和组织性,使生产过程和流通过程都能比较顺利地进行,从而加速资金的灵活周转,还有利于减少中间环节,降低生产费用和流通费用,增强产品的竞争能力。

第三节 种植业产品质量安全保障技术与措施

一、设计和提供新的环境土地管理系统

终止共同农业政策意味着英国可以为环境做更多的事情。经过一段时间的稳定以确保顺利过渡后,英国将转向向农民支付公共物品公共资金的制度。英国投资的主要公共目标是改善环境。

英国推出了一个新的环境土地管理系统来实现这一目标。这一土地管理系统激励和奖励土地管理者恢复和改善英国的自然资本和农村遗产,为农民和土地管理者提供支持,因为英国正在更有效地应用"污染者付费"原则(污染成本应由负责的人承担)。新的环境土地管理计划帮助英国为环境提供更多的保护(包括减缓和适应气候变化的影响),并灵活地将更多的管理决策交给农民。

过去,这些计划支持为全国稀缺的农田鸟类和传粉媒介物种建立筑巢和食物资源,增加石鹬和沼泽贝母的繁殖种群。对于未来的计划,英国的目标是将

官僚作风降至最低，并设计一个更加友好的用户申请流程。英国将继续投资技术建议，以支持农民和土地管理者，并帮助他们共同努力，在景观和集水区取得效益。英国还将探讨采取资金补助以鼓励长期可持续土地管理办法。

英国通过在指令文件中提出英国对新系统的建议，并与农民和其他利益相关者广泛协商。英国将与下放的主管部门密切合作，在适用于整个英国的框架上，反映了苏格兰、威尔士、北爱尔兰和英格兰的需求和个人情况。作为其中的一部分，英国定期与所有下放的主管部门合作，探讨即将出台的农业法案的设计和适当程度。采取的行动包括：与土地管理者和其他人合作，考虑新的环境土地管理计划的作用，鼓励广泛参与并确保环境改善。在专家建议的支持下，保留并进一步明确对更复杂的环境改善采取有针对性的支持，探索创新的资金和交付机制，作为新的环境土地管理系统的一部分。这些可能包括生态系统服务的私人支付，反向拍卖和保护契约。在实施新的环境土地管理系统时，英国监测和评估其实现可持续农业的有效性。

二、引入新的农业水管理规则

农业可以成为增强环境的强大力量，但目前产生的外部因素太多，如牲畜排放、化肥和农药污染。总体而言，农业现在是英国水污染和氨排放的主要来源，造成水环境中25%的磷酸盐、50%的硝酸盐和75%的沉积物负荷，这对生态系统造成了危害。2017年，英国为所有旨在减少农业水污染的土地管理者发布了新的简化规定，这些新规定于2018年4月2日生效。新规定要求每个农民识别和管理其土地上的水风险，并采取预防措施以减少氨排放，从而减少污染和土壤侵蚀，提高资源利用效率。英国采取的行动包括：从2018年4月开始实施新的农业水管理法规，3年后审查新规定的进展情况。

三、与农民合作，有效使用肥料

通过确保有效利用肥料，英国可以减少危害公共健康和环境的空气和水污染，并减少温室气体的排放，粪便和泥浆储存不当会导致氨等有害化学物质和气体的释放（2015年，英国超过4/5的氨气排放来自农业），它们与交通和工业污染相结合，形成烟雾，导致酸雨，危害土壤和植被。

氨也通过粪便沉积以及粪便浆液和矿物肥料的扩散而传播。持续使用良好的养分管理措施，可以大大减少这种污染。英国已经采取了行动，通过资助浆料商店，为农民提供实际帮助，减少储存期间的排放量达80%。采取的行动包括：建立一个强有力的框架，将富氮肥料（如粪肥、泥浆和化学品）的投入限制在经济有效的水平，并确保它们得到安全储存和应用；提供明确的规定、建议以及适当的财务支持；与工业界合作，鼓励使用低排放肥料，并利用英国肥料实践调查的数据计算吸收水平。

四、保护作物，同时减少农药对环境的影响

英国政府必须保护人类和环境免受杀虫剂带来的风险，与此同时，农民需要保护他们的庄稼。英国应该将综合虫害管理（IPM）作为核心方法，更合理地使用农药，并通过农作物饲养的改进和天然捕食者的使用来补充减少农药使用带来的缺失。英国可以通过培育当地的植物以超越生产力的特性来做更多的工作，更好地利用遗传学和基因库中的资源来确保它们应对病虫害的自然恢复能力。长期以来，IPM一直被视为农民自愿实施的良好做法，英国将鼓励更全面的研发投资。通过减少农药的使用并以更有针对性的方式部署农药，可以减少其对环境的影响，同时保持足够多样化的选择，以避免产生抗药性导致更高剂量的使用。

英国最近宣布，支持进一步限制使用新烟碱类杀虫剂，因为科学证据越来越有力地证明，它们对蜜蜂和其他传粉媒介有害，除非科学依据发生变化，否则政府将在英国脱欧后增加限制。独立研究显示，过去50年来英国野生蜜蜂多样性整体下降，农药被认为是国家授粉媒介战略的潜在发布压力之一，该战略于2014年首次发布，其中提出了改善蜜蜂和其他传粉媒介状况的合作计划。英国将发展强有力的农药监管，并与其他产业合作，采取不同的方法，以尽量减少农药在农业中的使用。政府于2018年审查英国国家农药可持续利用行动计划。采取的行动包括：

（1）确保农药的管理继续科学发展，健全且符合目标，以保护人类和环境。制定、实施鼓励和支持可持续作物保护的政策，尽量减少杀虫剂的使用。根据科学证据，支持对新烟碱类杀虫剂的进一步限制，保证任何持续使用都受到限制，并且只有在环境风险非常低的情况下才允许使用。

（2）保持农业土壤健康，进行适当的耕作或轮作。选择一系列对土壤有利的做法，改善土壤健康，保持良好的土壤结构，从而提高作物产量，降低环境破坏的风险。然而，这种积极影响完全取决于了解每种耕作方式对特定地点的土壤类型和作物的适用性，以及应该何时、如何进行。政府已经通过基于研究结果的土壤规划以及农业咨询服务和集水敏感农业服务，帮助农民选择适合当地的管理做法，政府还与研究理事会合作，以增加农民对土壤状况和恢复力的理解，其研究结果正在为农民提供建议和理论依据。

第四节　种植业化肥高效利用与控制技术

世界农业发展的实践证明，肥料施用是增加产量的最高效措施之一，然而

化肥的施用会导致土壤和水资源污染，破坏生态环境。英国现有耕地 1 150 万公顷，其中牧场 570 万公顷。主要种植作物有冬小麦、冬大麦、马铃薯、油菜和甜菜，每年一季，肥料平均用量约 240 千克/公顷。由于英国政府和民间日益重视环境保护和农产品安全，因此如何进行化肥的高效利用是种植业亟待解决的重要问题。

一、维持土壤肥力

（1）谨慎用化肥、有机肥及石灰。保持土壤肥力在适当水平，有利于农场系统效益最大化。通过定期进行土壤分析，施用适宜的肥料、有机肥和石灰为作物生长提供最佳条件。

（2）分析土壤、作物或草地等影响因素。确认硫及缺乏的微量元素，帮助识别可能影响作物或牲畜的任何因素。

（3）未经同意将肥料、有机肥或石灰施用于特殊用途的场所可能违反管理协议或 1981 年颁布的《野生动物和乡村法》规定。并且，硝酸盐脆弱区也适用本限制。

（4）土壤 pH 及石灰使用。土壤 pH 即土壤酸碱度。种植、淋溶、污染以及施用某些氮肥会导致土壤石灰成分流失加快，土壤酸性更强。土壤酸度过大会导致产量大量减少并降低其他化肥的施用效果。应该根据需要涂抹石灰，维持土壤最佳 pH，但不要过度使用石灰，因为不必要的高 pH 会加剧微量元素的缺乏程度，土壤如果过度肥沃，则需要很长时间才能恢复正常。最佳 pH 根据土壤类型和作物轮作有所变化。

（5）保持土壤有机质。土壤有机质含量对于土壤肥力非常重要，在控制植物生产和土地管理的物理、化学及生物过程中扮演着十分重要的角色。可以通过减少损失、减少耕作并补充有机碳等途径来增加土壤有机质含量，也可以通过根和其他作物残留以及循环利用有机肥来补充碳素。

二、养分管理

一是应定期分析土壤成分组成，理想情况下是每 3～5 年或改变土地利用情况时分析一次，以制定并维持正确的化肥施用政策。土壤分析可以作为养分管理计划的一部分来完成。

二是为作物提供均衡的主要养分：氮、磷、钾、镁、钙及硫。有些作物也需要钠素。还要确保足够的微量元素，如铁、锰、硼、铜、锌、钼和氯。土壤中通常含有微量元素，但也可能需要通过补充化肥或有机肥增加微量元素的含量。

三是使用认可的化肥推荐系统。拥有 FACTS（化肥顾问认证及培训计划）资格证的合格顾问，或是 BASIS（英国农药安全检查计划）专业注册成员或 FACTS 年度计划成员可以提供养分管理和化肥使用的专业建议。

四是使用化肥或有机肥时，不要直接撒进去或通过径流流进去，否则会破坏包括水域在内的自然或半自然栖息地。

（一）管理氮素

1. 氮对环境的影响

农业的氮流失会对水质、土质及空气质量产生重大影响。应尽可能高效利用氮素，减小损失；硝酸盐从土壤淋溶到地面和地表水域中会降低饮用水质，甚至导致该水域不能再作为饮用水源；还会造成富营养化，尤其会造成运河、河道及海水的富营养化。地表水中铵浓度过高超过阈值，会造成鱼类死亡；氮素在转化过程中会不可避免地产生氨气，动物粪便在氧化分解过程中也会产生氨气，在堆积的过程中，会通过自然土壤以氮气和一氧化二氮形式排放到空气中；氨对环境及人类健康产生重大影响，沉积过量的氮素会导致土壤酸化，进而破坏土地和水域生态系统，氮气对环境无害，但一氧化二氮是导致气候变化的重要温室气体。

某些危害的减少可能会导致另一种危害的增加。例如，氨流失量减少，而进入土壤的氮素会增多，这会增加硝酸盐淋溶或一氧化二氮排放的风险。下面概述了如何减少某些特定污染物流失的方法。适量施用可以有效管理氮素，进而减少氮损失、增加效益并保护环境，可以减少硝酸盐和铵进入水域，也可以减少氨气和一氧化碳排放到空气中；要选择合适的施用氮肥和有机肥的方式、时间和数量，来满足作物需求；尽可能在一年中保持土地的绿色覆盖；使牲畜饲料的氮含量与库存的特定要求相匹配；应该尽快将固体肥料施入土壤中，最迟在 24 小时内施入土壤，如果使用固体粪便（农家肥）作为覆盖物来减轻易受感染的土壤风蚀，则不需要土壤掺入。

2. 控制氮应用

要详细计算每块田地、每种作物需要的氮肥数量（作物需氮量），并且不能超过作物需氮量过多，否则会加剧氮淋溶损失，不仅会破坏环境，并且会浪费资金。应将土壤提供的氮量（土壤供氮量）考虑在内，主要取决于土壤类型、先前所种作物、降雨量及使用的有机肥，当土壤供氮量高时，土壤矿质氮分析可以提供更精确的化肥需求指导。还要详细记录使用人造氮肥、有机肥及其他含有可以用作氮肥的材料（如淤泥和甜菜加工的土壤）的数量及使用日期，以帮助计算未来作物所需氮肥量。

（1）有机肥的施用。12 个月内一公顷土地使用的有机肥总氮量不得超过 250 千克。而且，还应确保作物可用氮不超过作物需氮量，这意味着使用量要低于该最大值。可以使用一些简单的农场工具测量准备用于作物的动物粪便中的氮量，也可以使用查询表进行简单的估算。

牲畜粪便，如牛和猪粪便及家禽粪便，以及液体消化污泥中都含有较高比例的、直接可用的氮素（超过 30％的氮素以直接可用形式存在），应在作物可高效利用氮素的时期，冬末或春天使用，实际可行的情况下不应在秋天或初冬使用。这对于沙地和浅层土壤尤为重要，因为此时硝酸盐淋溶风险最大。

需要额外储存牲畜粪便时，应该提供足够的储存容量，以便在最佳时机利用粪便中的养分，减少购买的化肥量，所有建造储藏室都应防水，且不会泄漏液体。

如果田地条件不会造成径流，则可以随时播撒不含有大量直接可用氮的有机肥（即可用氮少于总氮的 30％），如农家肥、污泥饼和绿色垃圾堆肥。此外，以下情况和范围内不能使用有机肥：①土壤遭受涝灾、洪灾、冰冻或冰雪覆盖时；②考虑到土地坡度、天气条件、土地覆盖、接近地表水、土壤条件及土地排水情况，氮素极有可能通过径流流入地表水中时；③地表水域包括田地沟渠 10 米内；④泉水、水井或钻井 50 米内。

给坡度极大且近地表水域的土地施用有机肥时应特别小心。应尽可能精确播撒有机肥。泼洒粪便时，应使用具有低扩散轨迹的播撒设备，避免引起雾化（小液滴）然后漂移。

（2）合成氮肥的施用。只在作物能利用氮素时才施用人工合成氮肥。9月15 日至次年 1 月 15 日不得给草施用人工合成氮肥，也不得在 9 月 1 日至次年 1 月 15 日给其他作物施用人工合成氮肥，除非该期间有明确的作物需求。尽可能精确地以合适速度播撒人工合成化肥，且不得直接将其撒入地表水域（包括沟渠）中，不要在地表水两米内播撒化肥。建立管理缓冲地带可以帮助保护地表水（以及篱笆和其他敏感栖息地）不受化肥污染。

考虑到土地坡度、天气条件、土地覆盖、接近地表水、土壤条件及土地排水情况，如果土地有极高径流风险流入地表水中，那么在施用人工合成氮肥时要尤其小心，另外，在土壤遭受涝灾、洪灾、冰冻或冰雪覆盖时不得施用人工合成氮肥。

第一，可耕地农作物轮作。在适宜的土壤上，早秋收获一种作物，即将耕种春播作物时，应该临时覆盖或播种填闲作物，这会加快吸收氮素并减少淋溶损失。冬季绿化覆盖对一年的闲置土地尤为重要。如果不能覆盖土地或播种填闲作物，则应尽可能长时间地保留未开垦的茬。考虑到作物需求，如遭受害虫和疾病风险，应尽早计划播种秋播作物。9 月初播种的作物吸收的硝酸盐比晚些播种的作物多，还能降低径流和土壤侵蚀风险。

第二，秋季耕种和作物残茬。秋季耕地，尽可能早地播种下一季作物，这可以减少土壤中硝酸盐的积累，并且在豌豆和油菜等留下含有大量氮素残茬的作物之后尤其有益。通常可以保留晚收获作物的残茬到第二年春天，如块根作物。土壤被压实且存在径流或土壤侵蚀风险的情况除外。

第三，管理草地。过度放牧的草地存在大量硝酸盐流失的风险。晚夏和秋季减少氮素使用并降低放牧强度可以减少硝酸盐淋溶数量。如果可能的话，不要开垦古老的永久性草地进行耕作。这些土地几年内可能会造成大量的硝酸盐淋溶，有机质流失严重，碳释放到大气中，违反交叉遵守要求。如果草地需要重新种植，应该尽量少翻动土壤，并迅速种草覆盖。如果切实可行，则在春天而非秋天种植草原，如果在秋季，则尽量在 10 月初进行。如果要在草地后轮作可耕作物，则应该在耕地或耕种草后尽快播种。在耕作草地前 6 个月不要施用有机肥，以减少铵态氮的流失，有机肥中的铵态氮会污染土地和地表水域。对于牲畜粪便，可能会由于以下情况而发生污染事件：①牲畜棚、院及农场因通路而产生的不受控制的径流；②直接将粪便和污水播撒到排水土地之上；③给土地施用化肥和污水后发生径流；④雨水落在硬肥堆上产生径流。

第四，降低水污染风险。在裸露的土地或残茬上，应加入有机肥来降低地表径流从邻近斜坡进入地表水的风险：①对于通过播撒（溅板）方法施用的牛粪、猪粪和液体消化污泥，应尽快将其施入土壤中，使其在施用后 24 小时内吸收，最好在 6 小时内做到这一点，以减少氨流失至空气中；②对于家禽粪肥，应在施用后 24 小时内让土壤吸收；③对于农家肥、污泥饼和绿色废弃物堆肥，应该在施用后 24 小时内吸收进土壤中，除非是用来保护易受污染土壤免受风蚀。

第五，减少氨流失到空气中。动物棚舍、粪肥储藏室中的牲畜粪肥释放的氨气以及给土地施用粪肥时释放的氨气，是英国目前氨气排放的最大来源。放牧牲畜或户外家禽直接排放到土地的排泄物也会释放氨气，可以减少氨流失。给土地施用牲畜粪肥时要特别小心，否则会损失棚舍或储藏室氨气排放的效益。

第六，牲畜饲料。饲料中的氮素含量应与预期生产水平和牲畜的特定生长期相匹配，这样既可以节省资金，也可以通过减少排出氮量，减少释放的氨气量，更符合施用于土地的牲畜粪便数量限制。可以通过咨询顾问或饲料供应商的建议，帮助实现这一目标。

第七，尿素化肥的施用。氨可能会从人造氮肥中流失，尤其是当播撒完含有尿素的任何物质后没有降雨时，尿素中最多 20% 的氮素会流失到空气中，造成这种损失的原因更多是天气条件，而非土壤类型。

第八，减少一氧化二氮释放到空气中。添加氮肥和有机肥，会加剧土壤在潮湿和温暖条件下产生一氧化二氮的自然过程。采用本规范中的措施来高效利用氮素，并使土壤保持良好的结构状态，会减少硝酸盐损失和一氧化二氮的排放，并有助于提高农场效益。

(二) 管理磷素

农田中磷素的损失是造成地表水质量差的重要原因。必须减少磷素损失才能符合水框架指令的目标。可以在化肥和有机肥中不过量施用磷来降低影响水质的风险，只施用需要的化肥并把施用的有机肥中的磷素考虑在内，可以降低成本。

1. 磷素的环境影响

磷会造成淡水富营养化。进入河流中大约 25% 的磷来自农业用地。来自农业的磷可以通过各种形式和各种途径进入地表水中，这取决于特定的河流水域。磷从土地中流失的主要途径有：①土壤侵蚀，磷附着在土壤颗粒上面而流失；②地表径流，尤其是沿着农场通路径流，以及在最近播撒的有机肥或磷肥留存在土壤表面的地方；③流入裂缝及进入土地排水沟的有机肥；④磷溶解在排水流或附着在排水流中非常细小的颗粒上，后者对粉质土壤非常重要，特别是土壤中含有大量（高于指数 2）的磷时。

2. 磷素的管理

主要从以下几方面着手：

(1) 动物饲料。牲畜饲料中的磷含量应与牲畜的营养需求密切相关。控制饲料中的磷含量会最大限度地减少返回土地的粪便中的磷含量，从而降低随后流失到水环境中的风险。可以通过咨询顾问或饲料供应商的建议以帮助实现这一目标。

(2) 有机肥和化肥。通过侵蚀、径流或排水流损失的磷量取决于土壤中的磷含量。要减少磷的流失，则不得过度使用无机肥或含磷量超过推荐量的有机肥。对于大多数作物而言，不建议在土壤含磷指数为 4 及以上的土地耕种。当土壤含磷指数为 3 及以上，并且想利用有机肥中的氮或其他营养元素时，则使用的总磷量不应超过轮作作物所能吸收的量。如此可以避免土壤储量超过作物生产的必要含量的问题。可以根据养分管理计划每 3～5 年对土壤取样并进行分析。

(3) 地表径流。粪肥管理计划的建议，可以最大限度地降低有机肥中磷进入地表水的风险。根据营养分管理计划的建议，可以最大限度地减少施肥后磷的流失。在裸露的土地或茬上，通过在施用后 24 小时内，将表面施用的有机肥或化肥吸收到土壤中，可以降低径流进入地表水的风险。

第五节 种植业农药高效利用与减施技术

化学农药来源于化学合成，生物农药的来源是生物及其基因产生或表达的各种生物活性成分。根据标靶和功效可分为杀虫剂、杀菌剂、除草剂、灭鼠剂、杀螨剂和植物生长调节剂等种类。农药的使用为满足农业的需求、解决粮食问题做出了重要贡献。

杀虫剂使用规定见《植物保护产品实践规范》。所有相关人员应遵守规范及其他帮助指南。保存所有杀虫剂记录是一项良好实践，也是欧盟法律对种植食物或饲料作物的一项要求。

（1）使用杀虫剂人员必须接受适当培训，并且可能需要获得杀虫剂使用能力证书。管理人员和顾问必须接受适当培训才能给他人提供建议，应该确认顾问是否具有 BASIS 许可等资格。鼓励喷雾器使用人员在国家喷雾器操作员登记处进行登记。

（2）作物保护管理计划可以协助确定最佳杀虫剂使用方法。应确定并保护所有地表水域和地下水保护区域、野生动植物栖息地，加强农场保护区域，包括树篱和其他边界区域，并防止喷雾影响这些区域。可以考虑预留未喷洒条带或保护未耕区域。超出交叉合规义务的保护未耕区域和缓冲带可能需要根据农业协议付款。

（3）如果要缩小地表水域附近的法定无喷雾缓冲区域，则必须进行当地杀虫剂环境风险评估，确保采取预防措施保护蜜蜂及其他益虫。

（4）喷雾器应妥善保管，防止泄漏、滴水并确保喷洒均匀，不会遗漏未处理区域也不会过度喷洒。每年根据国家喷雾器测试计划（NSTS）测试牵引式喷雾器、装载式喷雾器和自行式喷雾器。

（5）确保条件适宜，不会压实土壤或形成车辙，进而导致径流和侵蚀。确认当地天气情况并综合考虑风向及强度，再决定喷洒是否安全，如果天气情况恶化则停止工作，早上或晚上天气往往更好。

（6）使用合适设备和喷雾器控制装置尽量减少喷雾漂移。使用低漂移及其他不影响效率的喷嘴，并调整到正确的前进速度和动臂高度，仔细匹配往返距离，在没有践踏线的田地中要特别小心，如果没有践踏线或没有喷雾器轮，则使用泡沫指示器或标记钉。每块田地都要考虑工作模式，避免重复，特别是避免在未耕区域转弯时重复，要根据标签建议安全处理罐体清洗液，则可能需要预留出未喷洒区域。

（7）如果需要在水中或附近，包括河流和溪流，使用杀虫剂，则必须使用特批材料。在将批准产品用于水中或水道岸边之前，应首先联系环境署，还需要通知取水方。

（8）对适销作物只使用最少需求量的杀虫剂。可能是将杀虫剂添加在生长介质中，而不能浇灌，如果必须浇灌，则必须遵守使用植物保护产品实践规范，以减少可能造成的环境问题。

第六节 农田塑料投入品回收利用技术

英国的塑料机械制造工业与塑料回收设备全球闻名，英国国内对塑料的使用逐年稳步增加，但在塑料使用的发展中，不可避免要面对塑料废物的处理问题，处理不善将给环境带来相当大的负面影响。欧洲关于材料的环保和废物的处理要求较高，英国作为重要的欧洲国家，对塑料废物的回收处理尤为注重。现在英国处理塑料废物有塑料回收再使用、焚化回收热能量、用塑料废物填充陆地3种方式，其中，塑料回收再使用占相当大的比重，并且英国一些权威机构正在研讨更加有效的塑料回收再使用的方法。英国认为全部的塑料都应该回收，塑料的回收规模依赖于经济和社会的支撑。

英国农业、塑料和环境局（APEUK）发起了一项全国性的非包装农用塑料收集计划。从青贮保鲜膜到农作物覆盖膜，农用塑料在提高耕作效率，控制温度、光照和害虫等参数方面发挥着至关重要的作用。

英国市场每年有4.4万吨这种塑料，其中至少60%来自农业生产，然而，只有35%的塑料被回收再利用。为了向农民提供一种可持续处置农用塑料的解决方案，国家收集计划启动，在扩大生产者责任（EPR）框架的原则下，确保所有农业企业获得平等的准入机会。

国家收集计划覆盖整个英国，农民、分销商和生产商将对塑料回收负有共同责任。该计划还将通过研发提供教育、技术和财政支持，以寻求提高所收集废物的质量，从而提高回收效率。

塑料制品的回收再使用，主要将到使用寿命的塑料制品加以回收运用到下一次循环中，这些塑料制品主要来自工业、商业和家庭。英国塑料制品的回收方法通常有机械回收和化学回收两种。机械回收是将回收塑料重新造粒，用于出产新制品。这个工艺包含收集、分类、打包、碎化（薄膜或薄片）、洗刷和干燥，然后和正本的添加剂或更多的原材料混合，挤出造粒。化学方法回收是通过加热和加压将塑料分解成各个组成成分。

英国塑料制品的年回收量逐年增加，塑料年均回收增加率达到了23.2%。塑料制品的回收成本较高，这也是塑料回收受到限制的一个要素，现在英国大约有100家塑料回收公司。主要回收聚乙烯（PE）、聚丙烯（PP）、聚氯乙烯（PVC）、聚苯乙烯（PS）和一些混合塑料。据估算，每年回收的聚乙烯薄膜大约为50 000吨，约占英国塑料制品总量的10%，这些回收的塑料薄膜被用来生产建筑用的护墙板、黑色的废物袋等一些耐用物品，每年回收的聚丙烯大约为25 000吨，约占塑料制品总量的5%，回收的聚苯乙烯可以生产原本回收时的物品或完全不同的物品如花盆等。

塑料的回收除了塑料的再使用外，还可回收塑料的热量。据调查，塑料聚合物的损耗平均发热量（38 兆焦耳/千克）大于煤的平均发热量（31 兆焦耳/千克）。因此，回收塑料可以用来提供能量。例如，坐落于英国伦敦北部埃德蒙顿的大型发电厂，就通过焚化塑料收集能量发电。通过这种方法缓解了英国部分地区电量不足的压力，尽管塑料废物的焚化可能造成大气污染引起环境问题。但英国先进的焚化技术可以保证烟雾的实际排放量控制在国际规则的安全水平之内，事实上，瑞典、德国和荷兰均通过先进的焚化技术来扩展其现有焚化塑料废物的容量。

此外，无法回收或无力支持回收成本的塑料废物则作填埋处理。由于废物分类和废物回收所使用设备费用十分宝贵，一些当地的废物选用填埋处理。由于塑料的物理化学性质比较稳定，塑料废物被用来填埋陆地的表层，这样可为建筑物提供安全的地基。

第七节　农作物秸秆综合处理利用技术

关于如何处理和开发利用秸秆，英国做了 3 个方面的工作：①农作物秸秆合理还田；②利用农作物秸秆发展牛羊产业、生产畜产品；③工业开发利用农作物秸秆作建材、固体燃料。为了更好地实施工作，英国政府颁布法令，拟于 1992 年起严禁在田间焚烧大量农作物秸秆。主要综合处理利用技术有以下几方面。

一、直接还田

目的在于消化秸秆，同时提高土地肥力，提高农作物产量。由于大量秸秆掺入土壤，土壤疏松，可以加强土壤水分保持。

主要做法包括：对不同耕作方法（深翻 20 厘米、浅翻 10 厘米、免耕法），施用不同比例的氮、磷、钾和厩肥进行对比试验，对秸秆还田的腐烂情况、土壤团粒结构变化情况、土壤 pH 的变化情况、纤维量的变化情况、对农作物产量的影响以及成本核算等项实验结果进行逐项分析研究，找出秸秆还田最佳耕作法，实现最佳还田量。

二、研究开发利用农作物秸秆作畜禽饲料

为提高农作物秸秆的饲用价值，英国国家饲料测定中心对劣质、饲用价值低的农作物秸秆如何提高其饲用价值进行了一系列实验研究。

主要做法包括：采用物理、化学方法处理农作物秸秆，主要目的是提高秸秆的消化率和代谢能力，提高营养价值。通过对不同农作物秸秆（小麦、大

麦、燕麦秸秆）的不同部位（包括叶、茎的包皮、茎上梢、茎、茎根部等）进行饲料消化率实验，并对不同时期、不同气候条件、不同地区种植的农作物秸秆进行饲料消化率实验，为饲养畜禽的农牧民在处理农作物秸秆相关操作的选择中提供科学的依据，以期提高秸秆的饲用价值，如该中心进行的体外试管试验，羊胃尼龙袋对比试验，物理法切断、粉碎秸秆对比试验、化学法碱化干、湿处理对比试验，氨化青贮袋、氨化炉对比试验，奶牛、肉牛、猪、鸡的配合饲料中添加不同比例的农作物秸秆粉碎颗粒对比试验等。

三、工业利用农作物秸秆，节约木材和能源

（1）秸秆制板，取代木材，充分挖掘利用农作物秸秆资源。英国早已把农作物秸秆用作造纸业的原料，秸秆纸一般用来包装物资。秸秆还应用于建材原料，如楼房屋顶、隔板等，这种特制加工板具有隔音、防潮、防火、抗震、重量轻等特点。

（2）农作物秸秆取代煤、油作燃料。为节约能源，农作物枯秆可以制作成不同大小类似木炭块直接作燃料，还可直接作燃料取代煤、油供楼房取暖。

第三章

英国耕地资源可持续开发与利用

第一节 水土流失对农业绿色发展的影响

自然资源的利用与保护，与人类的生存质量有着密切的关系。人类活动对自然资源的影响具有两面性：一方面，人类为满足自身的需要，不断消耗现有的自然资源，导致自然环境容量降低；另一方面，人类为了满足与提高自身生存质量及长期生存发展的需要，有意识地不断改造自然资源环境，使其可再生利用并得到保护和培育，以提高资源环境的质量和容量。

一、水土流失的成因及现状

水土流失是指由于自然或人为因素的影响，雨水不能就地消纳、顺势下流、冲刷土壤，造成水分和土壤同时流失的现象。主要原因是地面坡度大、土地利用不当、地面植被遭破坏、耕作技术不合理、土质松散、滥伐森林、过度放牧等。水土流失的危害主要表现在：土壤耕作层被侵蚀、破坏，土地肥力日趋衰竭；淤塞河流、渠道、水库，降低水利工程效益，甚至导致水旱灾害发生，严重影响工农业生产；水土流失对山区农业生产及下游河道带来严重威胁。

水土流失，已经成为当今世界上的一种公害，它对人类生存环境的破坏是毁灭性的和难以逆转的。同时，又像一种"慢性病"，不发展到一定程度往往又引不起人们重视。据有关资料介绍，因风蚀、水蚀的侵害，世界上平均每年有 600 万公顷的土地被沙化，有 0.75 亿～1 亿亩的耕地从地球上消失。如果英国再不重视这一问题，任其发展下去，并继续乱砍滥伐，毁林毁木开荒，加剧水土流失，那么在今后的 20 年里，世界上将有 1/5 耕地的表土流失，有 1/3 的耕地变成沙漠，将有 100 万种动植物（目前有 500 万种）从地球上永远消失。由于水土流失程度日益加剧，自然资源的破坏和生态环境的恶化，已经直接威胁着人类的繁衍和生存。

二、水土流失的危害

（1）冲毁土地，破坏耕田。尤其在丘陵地带，耕地主要分布在沟沿线以上的梁峁塬上，由于暴雨径流冲刷，沟壑面积越来越大，坡面和耕地越来越小。

（2）土壤剥蚀，肥力减退。按照一个大概的比例，在流失的地表土中，每吨差不多含氮 0.5 千克、磷 1.5 千克、钾 20 千克。水土流失不仅减少了土壤中的氮、磷、钾等主要养分的含量，也减少了土壤中硼、锌、铜、锰、铁等微量元素的含量。据测定，坡耕地营养成分的流失不比梯田少，微量元素要减少 1/3～1/2，严重影响农作物产量和质量。

（3）生态失调，旱涝灾害频繁。水土流失破坏了土地、植被等生态系统要素，导致生态失调，进而导致旱涝灾害频繁发生。

（4）淤积水库，堵塞河道。水土流失导致大量泥沙下泄，主要淤积在水库、河道和渠道，影响水利发展和水利工程效益发挥。

（5）破坏土地资源，蚕食农田，威胁人类生存。土壤是人类赖以生存的物质基础，是构成环境的基本要素，是农业生产的最基本资源。年复一年的水土流失，使有限的土地资源遭受严重的破坏，地形破碎，土层变薄，地表物质"沙化"和"石化"，特别是土石山区，由于土层流失殆尽、基岩裸露，有的居民已无生存之地。更严重的是，水土流失造成的耕地损失已直接威胁到水土流失区居民的生存，其价值是不能单用货币计算的。

（6）削减地力，加剧干旱发展。由于水土流失，坡耕地成为跑水、跑土、跑肥的"三跑田"，致使土壤日益瘠薄，土壤理化性状恶化，土壤透水性、持水力下降，加剧了干旱的发展，使农业生产低而不稳。

（7）泥沙淤积河床，加剧洪涝灾害。水土流失使大量泥沙下泄，淤积在下游河道，降低了行洪能力，一旦上游来洪量增大，容易引起洪涝灾害。

（8）泥沙淤积水库、湖泊，降低其综合利用功能。水土流失不仅会导致洪涝灾害频繁，而且产生的泥沙与流失的氮、磷及化学农药等有机污染物结合会引起水库、湖泊等水体的富营养化，严重威胁到水利设施及其效益的发挥。而由于水量减少造成的灌溉面积、发电量的损失以及库周生态环境恶化，损失更是难以估计。

（9）影响航运，破坏交通安全。由于水土流失造成河口、港口的淤积，致使航运里程和泊船吨位急剧降低，而且每年汛期都会出现由水土流失引起的山体塌方、泥石流等灾害，造成严重的交通中断。

（10）水土流失与贫困恶性循环。水土流失与贫困同步发展，如不立即扭转，水土流失面积日益扩大、自然资源日益枯竭、贫困人口日益增多、贫困程度日益加深的后果将不堪设想。

第二节　耕地水土保持技术

一、英国土壤侵蚀现状

英国的土壤侵蚀以水蚀为主，全国约有44%的耕地面临水蚀威胁，年均水蚀率为10~30吨/千米^2，风蚀仅限于威尔士北部、英格兰和苏格兰东部的部分砂土地区。侵蚀的土壤类型中则以人为活动引起的耕地侵蚀比例较大，主要侵蚀形式为细沟侵蚀，年均侵蚀量为220万吨，占每年土壤侵蚀总量的95%。

英国政府十分重视对土壤侵蚀的研究和防治。与此相关的机构主要有国家环境局（EA），生态水文中心（CEH），国家土壤调查局（NSI），草原环境研究所（IGER），克兰菲尔德大学（Cranfield University），国家土壤资源研究所（NSRI），土壤调查研究中心（SSLRC），英国土壤科学协会（BBBS），环境、食品与乡村事务部（DEFRA），住房、社区和地方政府事务部（DCLG），威尔士农业部（WOAD），苏格兰环境保护局（SEPA）等。同时，英国也非常重视国际合作对土壤侵蚀研究与防治的重大意义，同时加入了众多国际组织（主要为欧洲国际组织），如欧洲环境组织（EEA）、经济合作与发展组织（OECD）、欧共体统计办公室（Eurostat）、欧洲土壤研究中心、欧洲陆地环境研究中心等。

二、土壤侵蚀防治技术

（一）土壤侵蚀防治决策

英国研究人员认为，整体的规划管理是解决土壤侵蚀及其环境负效应的唯一方法。控制侵蚀要考虑土壤和地貌特性，保证其与农业、经济、环境和社会目标相平衡，并为侵蚀土壤的修复提供资金支持，同时，土地的可持续利用被视为土壤侵蚀控制和治理的发展方向，农场规模的土壤可持续利用管理规划逐渐受到重视。在英国，根据水力和风力对土地的侵蚀程度分为5个等级，通过统计各等级的侵蚀面积与治理范围和相关措施，确定各等级每年最有效的水土保持时间。此外，地理信息系统（GIS）技术对土壤侵蚀风险进行评估和预测，也为制订有效的土壤侵蚀防治方案提供了重要依据。在决策的制订和执行上，英格兰、苏格兰、威尔士和北爱尔兰有各自独立的机构，DEFRA制定英格兰的土壤政策，EA负责英格兰和威尔士的土壤环境保护，而DCLG着重未来策略的规划。

（二）土壤侵蚀防治措施

英国的土壤侵蚀防治围绕农业展开，多注重植被覆盖度及耕作方法，较少有大型工程。其主要通过化学方法加速土壤熟化或采取泥炭岩掺石灰措施，使次等地成为优质良田，此外，环境、林业和建筑业法规中也加入了控制土壤侵蚀相关措施的内容。目前，城镇土壤侵蚀及耕地侵蚀的间接影响，如河道淤积和洪水威胁也逐渐受到关注，成为土壤侵蚀防治的重点。

在英格兰，最普遍的防治措施是改变耕作季节和方式，以及在休耕地和易侵蚀的土地上种草。具体表现为：①减少冬季谷物的种植，改为初秋和春天播种；②在低地采用等高线耕作，减少湿地的机械使用，优先选择对土壤压力小的机械设备；③种植和保护绿化防护带，以减少风蚀；④保护易侵蚀的土坡，用缓冲带（如栅栏）拦截坡地泥沙；⑤管理和控制放牧的区域与数量。

在威尔士，现行土壤侵蚀防治措施因地制宜，寻求更好的水土保持方式和土壤侵蚀修复措施将是未来工作的重点。

1. 现行措施

（1）非城镇地区。重点控制路边未保护土壤的侵蚀。

（2）农耕地区。政府定期发放基于农耕措施的土壤侵蚀防治手册。

（3）森林地区。建议经济林种植者采取措施以减少土壤退化。

（4）建筑用地。制定了有关土壤流失控制的建筑法规。

2. 未来举措

（1）采用更好的水土保持建议与措施。①在农业地区，提高公众对农业土壤流失会造成经济环境损失的意识；②明确国家农业环境计划和其他项目中水土保持的重要责任；③确保土壤保持的管理方式与农业环境计划相符。

（2）修复侵蚀的土壤。①围圈侵蚀土壤，禁人和禁牧，让该地区的草地自然恢复；②在牲畜棚的周围和入口处铺上硬质材料；③用栅栏保护沟渠和河流边岸，防止牲畜破坏河岸；④将缓冲带与其他农田措施相结合，拦截细颗粒泥沙；⑤恢复草地、灌木和乔木的种植；⑥播种及利用肥料固土；⑦利用草垫和土工织物适当维持表土，防止土壤颗粒的移动；⑧用硬质材料如木头、水泥和石块修复小路。

第三节　耕地质量提升技术

进行适当的耕作或轮作可以改善土壤健康、保持良好的土壤结构，从而提高作物产量，降低环境破坏的风险。这只是一系列有益做法中的两个，并且其积极影响完全取决于了解每种做法对特定地点的土壤类型和作物的适用性，以及何时、何地、如何进行。

英国政府通过基于研究结果的土壤规则以及农业咨询服务和集水敏感农业服务，帮助农民选择适合当地管理的做法。政府还与研究理事会合作，以提高英国对土壤状况和恢复力的重视程度，其结果正在为农民提供建议。以 G's Cambs 农场为例，在过去的 40 年里，G's Cambs 农场采用了集约化农业模式，作为轮换的一部分，该农场列了一个 5 年作物种植生产计划，试图在提高产量的同时，减少对人工合成肥料与杀虫剂的用量，该农场制定了统一的种植方法，减少耕作、堆肥和覆盖种植，并专注于改善土壤健康，五年后该农场的作物产量增加了 10%，土壤肥力和健康状况也得到了极大改善，同时用于冬季放牧的覆盖作物面积约为 750 公顷，远高于 5 年前的 50 公顷。而了解土壤健康、植物健康、动物健康和人类健康之间的联系则是下一步农场的主要工作。

农民和土地管理者很难自主监测土壤质量。英国将制定土壤健康指数（包括腐殖质水平和土壤中的生物活性等指标），可用于农场检查其作用是否具有预期效果。

目前，土壤健康数据由不同的机构和企业分别进行，不容易访问或使用。DEFRA 将投资至少 20 万英镑，以帮助创建更多有意义的评价指标，使英国居民能够自主评估土壤改良，并开发具有成本效益和创新方法的新工具来监测农场和国家层面的土壤。

英国将与一系列研究机构和其他合作伙伴合作，利用现有的最佳技术，如农村调查中的土壤监测计划。英国将寻求与农民合作的新方法，以实现良好的土壤管理实践，包括适当的耕作选择、将草地重新引入耕地轮作和使用覆盖作物等。

一、土壤管理计划

土壤管理计划有利于提供最佳作物和最佳草地生长条件，同时减小径流和侵蚀风险，还可以保护土地的长期生产率。

土壤管理计划可以帮助土地管理人员明确改善土壤的适当处理方式。如果已经制定了土壤管理计划则检查该计划中是否包括径流和侵蚀风险图，以及每块土地的土壤情况和管理方式评估报告。制订土壤管理计划必须包括以下步骤。

（1）制订土壤管理计划时要考虑到保护考古遗址。

（2）阅读控制径流和侵蚀的相关文档以及管理土壤的良好实践的相关文档。

（3）利用公开的指南或顾问的建议来制定整个农场的径流和侵蚀风险评估报告。该报告有助于在下雨时和雨后查看土壤结构，确定排水不良区域和可能发生径流或侵蚀的地方，包括门口、道路和通路。完成评估后还应制作一份地图，显示每块田地或部分田地的风险等级。

（4）将每块土地的拟定用途与土地能力相匹配，最大限度降低破坏环境的风险。

（5）利用铁锹查看每块田地或部分田地的土壤结构，再决定采取何种行动来维持或改善土壤状况，并考虑是否需要采取额外行动来改善土壤中的有机质含量。

（6）每块田地都记录了在未来一年里要采取的步骤，以最大限度减少径流和侵蚀，并保持良好结构，维持雨水渗透量。

当年应该记录出现的任何问题，如积水、生长不良的土地、径流或侵蚀事件。这会在审查计划时提醒发生的事件，以及需要考虑改善管理的地方。每年都应该审查该计划，并再进行一次土壤结构评估，特别要注意发现问题的任何区域。

二、养分管理指南

养分管理计划有利于高效利用有机肥并最大化利用有机肥中的养分。

（1）要根据作物耕种系统，每3～5年对土壤进行一次硼、钾、镁含量分析，并利用结果调整石灰和磷酸盐、钾和镁养分的输入量。

（2）使用可靠的化肥推荐系统来评估作物的养分需求。如果获得了养分管理计划的专业建议，那么要确保提供建议的人获得了化肥顾问认证及培训计划资格。

（3）评估有机肥的养分供应量。考虑是否有必要进行实验室或农场实地分析，确保粪肥分析样本具有代表性。在制作高效有机肥时，可能需要将粪便储存室的内容物完全混合。

（4）根据作物养分需求扣除有机肥供应的养分含量，计算出化肥养分需求量。清楚、精确记录作物田地信息和施用化肥、牲畜粪肥及有机肥的田地信息。这有助于未来制定养分管理计划并证明计划的实际效果。在每个种植年度开始更新养分管理计划。

第四节　耕地污染防治技术

土壤可能会被重金属或持久性有机化学物质污染，英国政府考虑到这种可能性对土地的影响并制定对应计划管理土地，以期维持土地的长期肥力，同时，可以保护地下水和地表水免受污染，更加重视动物、植物和消费者的健康。

一、污染来源及影响

需要重点关注的污染物是重金属，如铅、镉、铜和锌，以及持久性强的有机化合物，如二噁英和多氯联苯。某些金属和化合物可能会危害土壤生物并降低土壤肥力，进而影响作物质量和牲畜健康。

有些土壤含有天然和来自旧矿井的污染物。这种本底污染变化很大，人类活动产生的污染对于土壤的危害，来源于直接施加在地上作物而产生的污染或间接通过大气沉积的污染。这个过程通常十分缓慢，需要耗时多年其负面效果方可显现。但对于石油意外泄露、海水或污染水导致的（如旧矿井的水）洪水等诸如此类的事件则可能需要采取紧急行动。如果污染太过严重，对作物或牲畜产生影响，则可以利用法律权力采取行动补救，而受影响的土地不能再用于生产，这可能是解决污染问题过程中唯一具有成本效益的方式。

二、良好实践

（一）处理现有污染

如果怀疑土壤受到污染，则应该获得基于土壤、作物和牲畜情况分析的专业建议。在某些销售的食品中，铅、镉、砷、汞和一些持久性有机化合物的最大使用含量都有法律限制。长势喜人以及看似健康的动物都可能含有超过法定限制的污染物，如有必要，则应向当地政府或食品标准局寻求建议。

污染土壤导致牲畜中毒的风险几乎完全取决于牲畜所食土壤污染物含量，而不是所食草中的污染物量。应该通过控制放牧并确保在收获期间不会将土壤带入青贮饲料和干草中，来限制它们摄取的土壤量，如果怀疑污染正在影响牲畜的健康，请寻求兽医建议。也可以考虑关于矿山污染的放牧地点的建议。

虽然有处理土壤的方法，可以除去其中的污染物，但这些方法通常由于成本过高而不适合农业用地。或许可以通过简单的管理操作（如给土壤涂抹石灰）来减少污染物含量，可能需要通过农业环境计划来考虑土地的替代用途，例如种植生物质作物或工业用作物，种植树木或建立野生动物栖息地。

（二）预防进一步污染

遵守法规并学习良好实践可以预防土壤污染，可能的污染物有工业废弃物、运河和河流淤泥、污水污泥、牲畜粪便、堆肥、农药和灌溉水等。

（三）工业废弃物和淤泥

给土地使用工业废弃物或内陆水域的淤泥前，需要获得《环境许可条例》规定的豁免。只有合格人员向环境署申请，保证其将改善生态环境或为土地提供农业效益，并且保证应用建议的安全数量时，才会授予申请人此权利。并应该检查是否实际应用了允许的数量。在获得农业废弃物豁免的情况下，农场沟渠中的淤泥可以用于土地。

（四）污水污泥

回收污水污泥（有时称为生物固体）中含有的有机质和植物养分是非常有益的。将污泥应用于种植粮食和饲料作物的农业用地要遵守《污泥（农业用途）条例》和自愿施行《安全污泥基质》的规定，支持实践规范中给出的进一步的指导。遵守该法规目前是一项交叉遵守要求。

在实际生产中，污泥生产者要遵守污泥及其施用土壤中金属含量的法律限制，但是，如果农民被怀疑在生产中没有遵守这些规定，则不应该接受污泥。农民也有责任确保在使用污泥后按照规定管理土地，特别是在安全期前，不得放牧或收获某些作物。这段时间根据所用污泥的类型而有所不同。在污泥施用期间和污泥施用后的几年中，应确保土壤的 pH 保持在适宜水平，因为大多数金属更容易被酸性土壤中的植物利用。

（1）污水污泥也可以撒在用于种植除食物作物以外的土地上，如用于种植工业作物的土地。但需要获得环境署的环境许可豁免。

（2）由于对下水道排放的控制，近年来污泥中的金属含量大大减少。因此，通常是污泥中的养分决定了其施用率。

（3）如果储存液体污泥，则必须遵守规定。安全临时存储可以长达 12 个月，一次存储不得超过 1 250 米³，遵守储存位置限制，并保留 300 毫米的自由空间（土堤泻湖为 750 毫米）。

（五）牲畜粪肥

牲畜粪肥中主要的潜在污染物是铜和锌。它们作为生长促进剂添加到牲畜饲料中，以增加微量元素或作为药用。在考虑替代饲养方法后，应尽量减少添加到饲料中的金属量，使其利于牲畜的健康。如果在农场混合饲料，则不得超过饲料添加金属的法定限量。如果正在给牲畜服用药物，则必须遵循兽医的指示。

当播撒某些牲畜粪便而非定期施用污水污泥时，土壤中会添加更多的金属元素，在经常施用猪粪和家禽粪便的田地上，应该监测粪便和土壤中的铜和锌含量。如果土壤中的浓度接近表 3 - 1 中的浓度，则应在施用更多粪肥之前寻求专业建议。

表 3 - 1　施用粪肥或杀虫剂时需要咨询的铜和锌临界值

单位：毫克/千克

类别	pH 5.0～5.5	pH＞5.5
锌	＞200	＞200
铜	＞80	＞100

某些兽药中含有一些化合物，这些化合物可能会在粪便中产生有害的残留物。因此，必须遵循所有兽药包装上的说明，并在适当情况下采取环境署关于处理方案的建议。

（六）堆肥和其他废弃物

如果可生物降解废弃物堆肥符合《堆肥质量协议》，则可以给《环境许可条例》规定以外的农业用地施用。该协议可以确保堆肥质量合格，并要求在施肥前对土地进行金属分析，还要记录施肥地点。没有按照《堆肥质量协议》生产的废弃物和堆肥只有符合《环境许可条例》才能给土地施用。但这些必须提前通知环境署或经由环境署许可。如果遵守本条例规定，则土壤不会污染。

目前还在制定一项关于厌氧消化器消化物的质量协议。该协议可以确保质量，并且也要求类似的采样和记录保存。

对于没有根据质量协议生产的其他有机废弃物、堆肥和消化物的土地使用，须遵守环境许可或豁免规定，并且不得危害人类健康或污染环境。如果动物副产品（粪便和消化道内容物除外）用于牧场，则还必须遵守《动物副产品法》的相关规定。可以咨询动物卫生局的建议。

（七）杀虫剂

必须按照标签推荐合理使用杀虫剂，这样不会对环境产生不可接受的长期影响。大多数杀虫剂都是有机化合物，可以在土壤中分解。有些杀虫剂中含有铜，虽然使用范围不广，但多次使用会增加土壤中铜含量。这时应该分析土壤，并进行相关比较，再决定是否继续使用这种杀虫剂。

（八）铅粒

铅粒会在土壤中累积。如果继续耕作定期用来进行飞碟射击的土地，则应该听取专业建议，确保作物和牲畜产品符合食品安全标准。或者考虑使用非铅球进行飞碟射击。

（九）清除意外污染

（1）如果土地被海水意外淹没，则要尽快将其排干，尽量减少残留在土壤中的盐分。一两个冬季正常降雨的话可以除去这种盐分，如果不能，就要寻求专业建议，准备好土地休耕，种植耐受性作物如大麦或黑麦草，要特别注意栽培方式，如果需要，可以加入额外石膏来稳定土壤结构。如果使用废石膏，则需要根据《环境许可条例》向环境署登记豁免。

（2）如果发生严重的溢油事故，就启动紧急应对计划。不要吸收汽油溢出物，因为这些汽油非常易燃。建造一个堤岸拦截漏油，并安排清理溢出油。这是溢出事故的良好处理方式，因为可以减少污染材料。任何油污染材料都属于危险废弃物，必须进行相应处理。

（3）耕地并施肥可以促进微生物活动，有助于分解油。如果位于硝酸盐脆弱区，并且需要施加一些氮肥来帮助完成此过程，则必须征求环境署的建议和事先许可。油越轻，土壤就会越早恢复。

（4）如果有来自矿井弃土的洪水在生长季节污染了牧场，那么应寻求兽医建议后再进行砍伐或放牧。调查金属污染程度后再决定未来的土地管理。如果污染物积聚在地表，则可能需要耕地。

（5）城市或工业区，包括下水道的洪水是其他潜在的污染源。应采取行动并寻求专业建议，如果涉及牲畜，则向兽医寻求建议。

第四章

英国水资源可持续利用

第一节　水资源在农业绿色发展中的地位和作用

　　水是生命的源泉，是人类赖以生存和发展的不可缺少的最重要的物质资源之一。人的生命一刻也离不开水。人体内发生的一切化学反应都是在水中进行，没有水，养料不能被吸收，氧气不能运到所需部位，养料和激素也不能到达作用部位；废物不能排出，新陈代谢将停止，人将死亡。因此，水是人类生存所需最重要的物质之一。

　　在地球上，哪里有水，哪里就有生命。一切生命活动都是起源于水的。人体内的水分，大约占到体重的65%。其中，人体内脑髓含水75%，血液含水83%，肌肉含水76%，连坚硬的骨骼里也含水22%。人体一旦缺水，后果是很严重的。缺水1%~2%时人会感觉到渴；缺水5%时口干舌燥，皮肤起皱，意识不清，甚至出现幻觉；缺水15%，人会过于饥饿。人在没有食物的情况下可以存活较长时间（有人估计为两个月），如果连水也没有，只能活一周左右。

　　在现代工业中，没有一个工业部门是不用水的。很多工业利用水来冷却设备或产品，如钢铁厂等。水还常常被用作洗涤剂来漂洗原料、产品，清洗设备和地面，可以说大部分工厂的每一个生产环节都要利用水来维护。

　　所以，水作为大自然赋予人类的宝贵财富，早就被人们关注。但是人们使用"水资源"一词，是近一二十年的事。关于水资源的定义，有几十种之多，较普遍的说法是指"可以供人们取用、逐年可以恢复的水量"。也就是通常所指的淡水资源。这样，苦咸的海水就不算在内，连千年难化的冰川、不易取用的一部分地下水也排除在外了。水资源是人类调查了解得最清楚的资源，而不像煤、铁、石油等资源那样，因为有新的大发现而改变其数量结构和分布。水资源是地球生命的需要，为人类服务于发电、航运、养殖、环境等方面。

　　水在英国的自然环境和社会环境中，都是极为重要而活跃的因素。山清水秀，鸟语花香，风调雨顺，五谷丰登，是人类追求向往的美好愿景，也是人类劳动创造和精心爱护的硕果。水在不停地运动，在人体里，在农田，在工厂，使世界充满生机和活力。污物被水流带走、稀释、化解，被大自然净化。

地球有"水球"之称。"三山七水一分田"这句俗语，比较形象地概括了地球表面的情况。据权威人士估计，地球上的储水量达 3.85 亿千米^3，如果把这些水平铺在地球的表面，那么地球就会变成一颗平均水深达 2 700 多米的"水球"。但地球上 97％的水是目前人类还无法直接饮用的海水。如在大海中航行，尽管波涛将你托起，浪花与你嬉戏，但你不敢稍饮一点海水，即使你已渴得嗓子冒烟，嘴唇干裂。

随着全球环境问题的日益突出，环境、人口与资源并称为 21 世纪人类社会可持续发展的三大问题，生态恢复工作逐渐受到世界各国的普遍重视。水资源可持续发展是一个国家或地区可持续发展过程中的重要组成部分。水既是一种自然资源，也是一种经济资源，更是生态文明建设最重要的物质基础之一。生态文明建设的可持续发展离不开水资源的可持续发展。水资源的可持续利用既不是单指经济发展或社会发展的可持续性，也不是单指生态持续，而是以人为中心的自然-社会-经济复合系统的可持续。

第二节 水资源分布与农业用水现状

在英国这个终年湿润多雨的国家里，农作物或牧草生长所需水分基本上可由大气降水满足供应。但不能由此推断，地表水和地下水资源在农业上是无关紧要的。因为农业用水不仅是作物或牧草生长需水，还包括牲畜饮水、畜舍清扫用水、农业机械用水、各种冷冻用水等，这些不是大气降水所全能解决的。只是由于这些方面的用水，比起工业用水是微不足道的，只及工业用水量的 4％，而且在英国也不存在供应上的严重困难，故不予专门分析。

一、降水量及其地区差异

英国的降水量呈现出 5 个主要特点：①降水充足，明显多于同纬度其他地区；②降水量超过蒸发量；③季节分配比较均匀；④雨日多；⑤年际变化小，详细信息已在第二章中详述，此处不再累述。

二、积雪和雾

英国虽然冬季温和，但是各地都有多少不等的积雪。积雪日数（通常指早晨地面有雪的天数）呈自南向北、自低向高、自沿海向内陆增加的趋势。英格兰南部沿海平均每年积雪日数不足 5 天，其他沿海地区和英格兰南部内陆为 5～10 天，其余的多数地区在 10～30 天，苏格兰内陆地势高，在 30 天以上。

高山地区积雪日数普遍在 100 天以上，而且海拔每升高 15 米即增加一天。尼维斯山每年积雪超过 170 天。积雪对于英国农业利少弊多。英国冬季酷寒天气不多，作物和牧草越冬无多大妨碍，无需雪被的保护。冬、春土壤水分充足，作物和牧草返青也无需依靠融雪水的补充。相反，积雪会妨害冬季放牧，增加牲畜圈养和舍饲的时间，提高畜产品成本。严重的暴风雪不仅可能导致畜群的损失，而且会由于交通不利而影响鲜乳等农产品的正常运输。对于高地和山区的畜牧业生产，积雪的不利影响尤其明显。

英国以多雾著称。雾日数与局部地形和小气候条件关系密切，呈现比较复杂的变化。雾多对农业生产也有不利，因为它会减少日照时间和强度、降低气温，同时也影响耕作、放牧和农业运输等。

三、灌溉和排水的必要性

探讨灌溉的必要性，关键是要考察夏季农作物和牧草生长旺盛时期，也就是蒸发蒸腾量最高的时期农业需水量与降水量的比例关系。

英国的研究人员曾对 4—10 月作物和牧草的潜在蒸腾量进行了理论计算，并以此为基础编绘了相应的图集。上述研究表明，这一时期英国各地的潜在蒸腾量变化于 275～450 毫米。结合同期的降水量来看，在英国东南部低地主要农业区里，若要保证农作物和牧草生长的充足水分供应，一般还缺水 100～150 毫米，缺水最多的东安格利亚和伦敦盆地等则超过 150 毫米。因此，整个英国东南部在夏季都需要人工补充土壤水分。

但实际上，没有可能也没有必要都做到如此充足的水分供应，而且各种农作物与牧草的需水情况也很不相同。例如，牧草在整个夏季都在生长，而谷类作物、蔬菜等并不都在整个夏季生长（因为有的在夏季结束前已经收获），也不都在整个夏季处于需水量大的时期，甚至有的作物短期水分不足，反而有利于成熟和收获。不过，上述资料至少可以说明，即使在英国这样湿润多雨的主要农业区里，农作物和牧草在夏季并不都有充足的水分供应，旱年尤其如此。据估计，在 20 年一遇的干旱年份，英格兰东北低地为保证农作物和牧草充分生长，需灌水 200 毫米，在东南部低地则需灌水 330 毫米。在英国，发展灌溉的必要性不完全取决于水分供应状况，更主要取决于各种作物和牧草的敏感程度以及灌溉的经济合理性。谷类作物若始终处于水分供应充足的状态下反而是不利的，因为会导致作物后期疯长、倒伏。水分不足会影响牧草生长量，但始终保持水分充足也会使牧场滋生杂草，从而降低牧草质量。虽然特别干旱的年份会导致未经灌溉的谷物和牧草减产，但这并不是经常发生的。

相反，对于果树、蔬菜、马铃薯、甜菜等对灌溉比较敏感的作物，适当发展灌溉对提高这类作物产量的效果比较明显。据调查，连续 10 年实行灌溉的苹果园，比未灌溉的可提高产量50％。关于排水的必要性，似无复加说明的必要。这里仅列举一些数字以说明其规模。1927年，由布莱迪斯洛勋爵主持的皇家委员会对英格兰和威尔士的排水问题进行全面调查后公布，在这两个地区有176.7万公顷农用地全部依靠人工排水才能维持利用，约占农用地总面积的1/7，还有70万公顷急需排水。又据1970年统计，英国有280万公顷农用地需要人工排水，其中有65万公顷在农业集约的英格兰东南部。

第三节　节水农业的技术与模式

一、英国水资源储量现状

英国年降水量1 100毫米左右，降水量年际、年内分布比较均匀，气候温暖潮湿。河川多年平均径流总量约为1 590亿米^3，人均占有量约为2 700米^3，且地下水丰富，农田牧场灌溉较少，水资源开发利用的主要对象是城乡生活、工业、水力发电和航运。年总用水量为115.11亿米^3，其中公共用水占47.3％，灌溉用水占0.3％，其他工业等用水占52.4％。

虽然现有水资源基本上能满足使用需求，但英国仍然着眼于可持续发展，提高水资源各使用环节的管理效率，以求在合理使用水资源的同时达到环境保护的目的。经过多年努力，英国已初步形成一套比较成熟完善的制度，这首先体现于从自然界取水环节。水资源并非无偿地随意使用，各用水单位从河流、湖泊等地表水源或地下水源取水，都必须获得英国环境署颁发的许可证，同时还需缴纳一定费用。例如，在农业领域，目前颁发的用水许可证数量已达到1.2万。通过审批或限制许可证的发放，主管部门可有效保证不会因过度采取导致水资源丧失重要的天然调节功能。

二、水资源管理现状

英国水资源主管部门认为，提高水资源质量，减少其受污染程度，对维持水资源的可持续循环将发挥关键作用。为此，英国将水资源管理的重点放在了保持和提高现有水资源质量上，并相应地采取了一系列立法和监测措施。英国在20世纪90年代初先后修改并通过了《水资源法》以及《水工业法》等法案，其目的在于通过法律手段对污染水源者进行约束。另外，英国还逐步为每段河流都制定了水质健康指标，并根据这些指标对允许排入河流的各种物质的量做出规定，而有关法律则保证水资源管理部门有权采取措施以确保河流水质满足相应指标。90年代以来，英国还加强了对水资源的质量监测工作。英国总计4万千米河流和运河目前都要定期接受日常性的水质检测。

与此同时，英国近年来对节水也给予了越来越多的关注。英国水资源管理部门认为，最大限度地挖掘和提高现有供水系统的效率，对缓解用水需求、促进水资源的可持续使用将起到重要作用。1993 年，英国专门设立了全国水资源需求管理中心，以重点研究如何提高供水效率。英国水资源管理部门目前在对供水部门增加水源的要求进行审议时，首先考核供水部门是否已采取优化措施，最大限度地提高了其内部系统的效率。

此外，近年来英国还在各界开展了节水和高效用水宣传，同时积极提倡推广节水型洗衣机等节水设备，以及通过废水循环利用等来提高用水效率。在英国整个水资源体系中，农业用水所占比重并不算大，但英国克兰菲尔德大学灌溉和水源问题专家诺克斯最近在接受记者采访时说，英国农业灌溉取水主要集中于夏季全国用水高峰，90 年代以来英国先后遭遇的两次干旱，显示出农业灌溉用水供求矛盾正成为英国水资源管理中的一大隐忧。预测表明，英国农业用水需求在未来几年内将持续上升，而据分析，全球变暖等气候变化也很可能会给农业灌溉带来新的压力。另外，近年来英国农业发展还出现一些新趋势，如高质量农产品在农业中的比重正不断上升。这些产品大部分供应市场，必须保证能有持续的供货，这对灌溉也提出了更高的要求。诺克斯介绍说，鉴于上述原因，英国目前积极探讨如何在农业领域推广节水灌溉新措施。这些措施主要包括加强农田蓄水设施建设、推广滴灌和喷灌等新技术等。诺克斯认为，灌溉用水的价值在未来将进一步提升，因此通过采取更加科学的方法提高灌溉用水效率，对保证英国水资源的可持续发展至关重要。

2004—2006 年英格兰东南部发生了特大干旱，2007 年夏英国大部发生大洪水，气候变化导致的水旱灾害引起政府和社会的广泛关注。作为对极端天气事件的反应，英国政府委托迈克尔皮特爵士领导一个独立的检查小组，对洪水应急响应和洪灾恢复的管理进行检查，确保吸取 2007 年夏洪水的教训。英国 DEFRA 还制订了《未来的水管理——英格兰政府水资源管理战略》，阐明了政府的未来水资源管理策略以及将要采取的实际步骤。英国的水管理策略强调了以下几个方面。

（一）对需水量的管理

英格兰东部和南部地区，降雨比较少，水资源十分有限，一些地方的水资源开采量超出了可持续开采水平，因此必须对需水量进行严格管理。一是必须对需水量做出准确预报，要考虑到地区间生活方式、家庭结构、人口及温度的变化。二是要通过提高水的利用效率，减少水资源的浪费。政府要宣传更加可持续的用水方式。家庭、社区、工业、农业和水利行业自身都要节约水资源。

对家庭而言，鼓励安装水表，采用节水器具，养成良好的节水习惯。譬如，在刷牙、刮脸、洗手或洗碗碟时关掉水龙头；及时修理滴漏水的水龙头，更换垫片既快又省钱；要攒够一次量再开洗碗机或洗衣机；用锅或壶烧水时尽量选择规定的最低水量，用多少烧多少，既省电又省水；在抽水马桶上安装高低水量两用冲水阀门；用盆洗蔬菜和水果，而不是开着水龙头用流水洗，洗蔬菜和水果的水可收集起来浇花；冬天要把水管和室外的水龙头用隔冷材料保护起来以防止爆裂；用集雨水桶收集雨水，用喷壶代替水管浇花；用桶和海绵洗车，用喷壶冲洗；此外，还可以用淋浴取代盆浴，以及在花园种一些耐旱的植物。政府资助的社会福利住房要实施可持续住宅规范，并且通过修改《建筑法》来制订新的住宅用水效率标准。

政府要求工业企业进一步提高节水意识，鼓励其采用行业领先的节水措施。食品行业是用水大户。2006 年推出的旨在改善环境、社会和经济性能的食品行业可持续战略，要求食品行业降低目前的用水水平，到 2020 年全行业总的用水量要在 2007 年的基础上减少 20％。节水集团（Water Saving Group）将对提高工业和商业领域节水效率的工作进行检查，并考虑是否采取进一步的措施。

尽管农业用水只占水资源总量的 1％，但其用水量的季节性和区域性差异很大，例如在东英格兰地区，农业用水占水资源开采量的 16％，有些河流的取水几乎都用于农业。夏季每天的灌溉水量超过社会用水量，破坏了动植物的生存环境。因此，政府开发了最佳灌溉措施指南和水管理软件包，提供给农户并对其进行培训，传授新的育种、灌溉技术和灌溉措施，以提高水的利用效率。另外，还通过调整作物类型和作物品种、改变耕作制度，来节约农业用水。

（二）对供水的管理

2004—2006 年出现干旱，降水量减少，造成水资源短缺。为了满足用水需求，一些地方的水资源开采超过了可持续发展的规定。面对严重的缺水形势，政府加强了对供水的管理，包括对取水许可制度进行修改和编制中长期水资源管理规划等。新的取水许可制度对取水许可的有效期作出了限制，规定取水许可到期后，如果需要继续取水，必须确保开采的水资源得到有效利用，而且水资源的开采对环境的影响在允许范围内，方可发放新的取水许可证。新制定的《水资源管理规划》的规划期为 25 年，而且新规划广泛征求社会各界、各行业的意见和建议，并经反复修改才最终确定下来。

（三）对水质的管理

过去几十年英国加大了对水污染的治理。立法越来越重视解决污染问题，推动大量的投资用于解决工业领域污染中最严重的加工过程的污染，使河流的生物化学质量得到极大改善，一些最严重的污染源如污水处理厂和污水管外溢问题得到解决。例如，泰晤士河 50 年前污染严重被宣布已无生物迹象，现在已有 120 多种鱼类，水獭又回到绝迹多年的河里。

政府并不满足在污染治理方面已取得的显著成绩，提出了新的治理目标。2010 年要使湿地、河口等具有特殊科学意义的地质遗迹面积的 95% 得到改善或恢复。对进入污水管的污水要从源头上进行处理，例如，家庭洗涤用品含有磷以及直接进入水环境的污染物，如雨水径流把公路上的污染物和农田的粪肥、化肥残留等冲走带入河流。还有一些问题源于对水体造成的物理改变，如开发、取水、废弃物、微生物污染及外来物种等。政府通过水框架指令，要求水环境的污染者必须支付治理费用。

英格兰针对农业面源污染实施了流域敏感区耕作措施传授方案，对参与这一活动的农场主提供支持；对化肥、粪肥和杀虫剂的使用加以适当控制；促进土壤结构的改善和降雨入渗，避免径流产生和土壤侵蚀；保护河道不受粪便、泥沙和杀虫剂的污染；减少牲畜放养密度，控制饲养场地上的牲畜量，将饲养场的清水和污水分开。这些措施为改善水质和降低农场主的成本将起到很大作用。英国的长期目标是建立一个对环境有利，可以保护并改善景观和野生生物栖息地，并治理污染的可持续农业。

（四）对地表排水的管理

2007 年 6 月，英格兰中部和北部地区的极端降雨导致城区大面积洪水泛滥，5.5 万多所房屋被淹，主要是地表径流超过排水系统的负荷能力。在城区，房屋建造和道路改变了流域的自然排水状况，硬化的地面增加了雨水汇集的量和速度，从而形成径流。在农村，由于过度放牧和不恰当地使用机械使土壤变实，导致破坏性径流的发生。路面的径流含有重金属和碳氢化合物，农田的径流含有营养物和泥沙，这些污染物都严重影响了水质。

为解决这一问题，英国建设了一些可持续排水系统，如绿色屋顶、多孔地面和池塘，以增加对雨水的截蓄和再利用。通过明确责任和完善对房地产所有者和开发商的激励措施来推广可持续排水系统，建设更多的地上蓄水设施，并且将地表水和污水渠系统分离。

（五）防治河流和沿海洪水泛滥

英格兰的城镇大多靠近河流和海岸。作为一个人口稠密、高度城市化的沿海国家，英国面临着严重的洪水威胁。尽管 2003 年以来，英国政府投入了 22 亿英镑用于控制洪水泛滥和海岸侵蚀，然而 2007 年夏季有记录以来最大强度的降雨还是导致英格兰中部严重被淹，北部大面积城区被淹。为此，政府计划在 2007—2008 年度再投资 6 亿英镑用以加强防洪治理。

作为英国东部几个主要的河口区之一，泰晤士河口区有大量的人口、房地产和重要的国家财产，目前处于一个非常大的防护网络保护之下。而泰晤士河行潮段受到潮水涌浪和海平面上升，以及淡水河流入流和城市排水的影响。未来气候变化的影响只能增加这些风险，意味着这些防洪工程的防护标准将逐步降低。与此同时，河口区未来开发的压力非常大。环境署制定了一项到 21 世纪末河口区潮汐洪水风险管理计划——2100 年泰晤士河口区项目。针对气候变化和海平面上升问题，推荐河口区需要的洪水风险管理措施、实施的地点和时间。

经过与利益相关者的认真磋商和充分的公众咨询，联合国环境规划署制定了供水空间计划，该计划明确了英国洪水和海岸侵蚀风险管理的发展方向，并提出了总体的高水平发展目标，包括：为洪水和海岸侵蚀风险的可持续管理做出贡献，将社会和环境效益与保护经济资产相结合，并在空间规划系统中充分考虑对未来河流和海岸洪水的管理，包括新的移民安置和其他发展计划；对城市洪水风险进行持续和全面的管理，包括战略规划、责任单位的合作以及对各种洪水风险责任的明确理解；社会意识到所面临的风险，以及可以采取哪些行动来帮助管理洪水和海岸侵蚀的风险；通过改进发展规划、应急规划和应对措施，社会抗洪能力以及家庭、建筑、服务和公共设施的抗洪能力将得到提高。

2007 年英国发生特大洪灾后，英国首相要求迈克尔·皮特爵士（Sir Michael Pitt）领导一个独立的检查小组，调查风险管理、应急反应和恢复的初步行动。在中期报告中，迈克尔·皮特爵士建议从三个方面采取紧急行动，预防和减轻近期洪水的影响，即特殊洪水风险的监测和信息共享，包括来自地下水和地表水的洪水风险，以及重要基础设施面临的洪水风险；应急响应的实际操作，包括洪水救援和移民安置、应急设施（如休息中心、应急供应）的恢复、易受洪水影响人群的识别以及洪水预警安排的加强等；为受洪水风险影响的社区提供更多信息，包括个人可以采取的防洪措施等。政府还在努力改进洪水风险地图的编制，以显示易受地表水和地下水洪水风险影响的地区，确保提供最佳和最可靠的信息，并尽量减少洪水灾害造成的影响和损失。

（六）减少温室气体排放

气候变化可能意味着水资源的减少，也可能引发更多的极端天气事件，更多的内陆和沿海地区将出现洪水泛滥。2007 年 11 月，政府向议会提交了气候变化法案，使英国成为第一个制订减少温室气体排放、适应气候变化的长期法律框架的国家。2007 年能源白皮书还公布了一项新的强制性碳排放交易方案，即碳排放减量承诺。这项措施的落实，将减少整个经济领域的碳排放量，包括水利产业的碳排放，因为水资源开采、处理、输送，以及污水的处理过程中使用了大量能源，排放了大量的二氧化碳，以及其他温室气体，如甲烷和一氧化亚氮。要求水利行业完全满足其提供的饮用水、环境质量和其他目标要求，同时将温室气体排放降到最低，为全国温室气体减排目标的实现做出全面贡献，使可再生能源的生产和利用发挥最大潜力。

家庭用水与温室气体的排放也有着密切的联系，家庭使用热水洗衣服、做

饭和清洗，不包括取暖，每年排放的温室气体占英国温室气体排放总量的 5%
以上。

（七）水资源管理的监管架构

英国水资源管理的监管主要通过 3 个机构来实现：水服务办公室、饮用水
监管局和环境署。

（1）水服务办公室的监管主要是保护消费者的利益，如设置水价限额，使
有能力的公司为客户提供需要的服务。

（2）饮用水监管局需要确保水务公司向客户提供安全和可接受的饮用水。
由于用户不能随便选择供水商，不能对供水商所提供的水进行比较，因此这是
一项特别重要的职能。

（3）环境署进行的监管要确保水资源开采和污水排放的方式不会影响
环境。

政府还鼓励水务公司不断创新，提高效率，凭借有竞争力的价格和更好的
服务，为客户带来效益，也为企业创造更大的效益，提高企业的竞争力。

经历了 2004—2006 年英格兰东南部的严重干旱和 2007 年的特大洪水之
后，英国政府更加深刻地认识到水资源管理的重要性，制定了更全面、更严格
的水资源管理方案，旨在通过加强对水资源的管理，提高水的利用效率，减少
对水资源的浪费。同时，要保护好环境，减少温室气体排放，从而减少气候变
化引起的极端天气事件的不利影响，确保为社会提供满足需要的优质水源。

第五章

英国农田生物多样性保护

第一节　农田生物多样性在农业绿色发展中的地位和作用

人类与自然的关系经历了和谐、不和谐和对抗的 3 个发展阶段后，正在寻求与自然新的和谐，进入了由对抗走向和谐的发展阶段。人与自然的和谐并不是简单地回归自然，它涉及人类在自然界的重新定位和思维方式的转变。可以肯定，新的人与自然和谐是人类对自然的认识更加接近于真实的自然，人类将更加热爱自然，对自然的未来及发展更有预见性，行动更具有目的性和自觉性。生物多样性是人类与自然和谐的基础，保全各种各样的生物种类，就是保护人类本身，人类的未来与生物的多样性密切相关。作物生产是在人类作用下的一种特殊生态现象，由于人类的急功近利以及对自然的认识水平有限，农田的生态已被忽视，致使农业生产的资源、环境质量和功能在下降。现在人们已从耕地永续利用和持续农业发展来研究农作物生产恢复农田的生态功能。

地球上生存着各种各样的生物，构成了生机盎然的生物界，这就是生物的多样性。生物的多样性由物种、基因类型和生态类型的多样性组成。其中物种的多样性是衡量生物多样性的主要依据。生物多样性的意义如下。

一、生物多样性是生态系统稳定的基础

生态学是研究生物与环境变化关系的科学，生物种群与其赖以生存的环境构成了生态系统。环境的变化影响着生物种群的数量和平衡。生物种群的数量及其生存关系影响着生态系统的稳定性。生物种类越多，生态系统就越稳定。反之，生物种类越少，生态系统就越脆弱。以中国为例，西周时期黄河流域森林面积达 0.32 亿公顷，森林覆盖率达 53％。到 1949 年，森林面积只有 200 多万公顷，森林覆盖率降到 3％。由于生态环境被破坏，黄河流域生物种类急剧减少，致使自然灾害和生物灾害接连不断发生。中国历史上曾经有过 3 次黄河流域向长江流域大规模人口移动的浪潮，就是由于黄河流域生态环境恶化导致经济衰退。在距今 2 000 多年的秦代，中国东北地区森林覆盖率为 80％～

90%，到 1949 年降为 30%，近年来，自然灾害和生物灾害时有发生，主要与生态环境和生物多样性遭到破坏有关。事实说明，生态环境和生物多样性密切相关，良好的生态环境是生物多样性存在的基础，而生物的多样性又能改善生态环境，提高生物抵御自然灾害的能力。例如，中国内蒙古大青沟自然保护区年降水量仅为 450 毫米，而蒸发量却达 2 000 毫米，在这种严重干旱条件下，自然保护区的生物能够顽强地生存下来，就在于其保护区内生物的多样性。而同样在内蒙古和东北地区，人工栽种的树木却很难成林，主要是因为树种的单一和缺少林下植被。实际上森林本身是由乔木、灌木、草本层生植物、地衣和真菌等许多生物种类组成的生态系统，它们相互竞争又相互依存，形成了一个有机的整体。再以草地为例，人工草坪尽管选择了生命力很强的草种，但由于草种的单一性，需要人们严格呵护才得以存活。而天然植被群落奇强的生存能力，也得益于植物种类的多样性。随着研究的深入，人们对生物多样性利于生态系统稳定的原因也逐渐明晰。

（1）生物多样性使生态系统的缓冲和补偿能力增强。在生物多样的生态系统中，不同的植物种类都有其特有的抗病虫害和自然灾害的能力。任何病虫害和自然灾害都很难同时攻击所有生物种类。这样，当一种或几种生物种类受到病虫害和自然灾害的侵袭时，另一些生物种类会快速生长，弥补其生存空间，通过物种间的调整使整个生态系统的生物总量保持不变。生物种类越多，缓冲和补偿的能力就越强。

（2）物种间生存竞争提高了生物自身的生存和发展能力。在由许多生物种群构成的生态系统中，生物间争夺水分、养分和生存空间的斗争是十分激烈的。能否获得生存所需要的水分、养分、光照和二氧化碳以及有利的生存空间是关系到物种能否延续和繁衍的大问题。但生存竞争又推动了生物的进化，并提高了生物自身对环境的生存适应能力。植物根系的向下和地上部分的向上生长及形态建成都与生存竞争有关。现在动植物所表现出的顽强生存能力和优美的生长态势完全是生存竞争和自然选择的结果。

（3）物种间有伴生和联合作用。物种间除了生存竞争外，物种的多样性也是单个物种生存的基础和条件。例如攀缘植物需要攀缘在其他植物体上才能生长，一种植物根系的分泌物能促进另一种植物根系的生长。植物的开花也是如此，开花植物的种类越多，其分泌开花的刺激性物质就越多，开花的数量和花期也就越长。花的性别也相互影响，雄花多时，会促进雌花的发育；雌花多时会促进雄花的发育。同时植物间也具有联合防御的功能，生态学家发现，当柳树受到毛虫袭击时，会散发出一种化学物质，传递给邻近树林，促使它们采取防御措施。如果能分离、鉴定并合成这种化学物质，喷洒在树木上，将会触发不利于害虫的生化反应和变化，收到防御虫害的奇效，这是非常有意义的工作。

二、生物多样性与人类的未来息息相关

地球上任何一种生物都是经过了几十亿年的进化和发展形成的。其生命的内部结构和生理功能都无法再造和模拟，其信息含量超过世界上最大的图书馆，可以说是信息量无穷大。如果这些生物在人类没有认识和开发利用之前就消失的话，对人类来说是不可挽回的损失。然而生物多样性不仅仅影响到人类的未来，现在已影响到了人们的现实生活，例如：

（1）育种学家普遍感到用来与高产作物杂交的农家品种和野生植物类型已越来越少。

（2）以动物和植物为原料的工业和药物生产，正在面临资源日益短缺的困局，影响到了人类的生活和健康。

（3）由于大量使用杀虫剂，昆虫种类急剧减少，有些虫媒授粉作物如向日葵等，不得不进行人工授粉，耗费了大量的人力和物力，且授粉质量远不如自然昆虫授粉。美国昆虫学家爱德华·威尔逊认为，如果地球上各种昆虫和节肢动物都灭绝的话，人类只能存活几个月。

第二节　英国保护农田生物多样性的方法与技术

人口增长和经济发展将意味着更多的住房需求，然而，英国的大部分土地用于农业而非住房。英国将确保支持开发被忽视或退化的土地，以恢复或创造健康的野生动物栖息地，并贯彻新开发应带来净环境效益的原则。英国为农民提供新的支持系统，以加强环境保护为核心。英国支持农民将耕地变为富含草药和野花的草地，种植更多的树木，恢复濒危物种的栖息地，恢复土壤肥力，吸引野生动物。

长期以来，病虫害综合防治一直被视为农民自愿采用的良好做法。英国将鼓励更广泛的研发投资。通过减少农药的使用和更有针对性地部署农药，减少对环境的影响，同时保持选择的多样性，以避免耐药性的发展和对更高剂量的需要。英国最近宣布支持进一步限制新烟碱的使用，因为科学证据表明，新烟碱对蜜蜂和其他传粉者有害。除非科学证据发生变化，否则政府将继续增加限制。

研究显示，过去50年来英国野生蜜蜂多样性整体下降。农药被认为是国家授粉媒介战略的潜在压力之一，该战略于2014年首次发布，其中提出了改善蜜蜂和其他传粉媒介状况的合作计划。英国将发展现有的强有力的农药监

管，并与其他国家合作采取不同的方法，以尽量减少农药在农业中的使用影响。政府于 2018 年审查国家农药可持续利用行动计划。英国将采取的行动包括：

（1）确保农药的管理继续在科学知识的基础上发展，健全且符合目标，以保护人类和环境。英国鼓励和支持可持续的作物保护，同时尽量减少杀虫剂的使用。根据科学证据，支持对新烟碱类杀虫剂的进一步限制。任何持续使用都会受到限制，并且只有在环境风险非常低的情况下才允许使用。

（2）农场提供的不仅仅是食物。农场和树林每年还分别为农场提供价值 2 亿英镑和 3 亿英镑的娱乐活动。此外，农田和林地每年过滤空气所提供的价值分别为 1.82 亿英镑和 7.94 亿英镑。

（3）解决农业的污染问题。农业污染是英国 30% 的特殊科学遗址（SSSI）处于不利地位的主要原因。自 1970 年以来，英国传统农田鸟类数量减少了一半以上。自然资本方法将有助于在英国建立一种新的环境土地管理系统，该系统重视环境友好性，并使用最有效的激励措施。入门级管理权等广泛采用的计划将环境保护与养护目标结合起来，可以在全国范围内实施。它们很容易适应农场生意。有针对性的项目集中在环境敏感的地点。它们通常需要对受保护物种或栖息地进行管理，并得到专家建议的支持。在英国，土地管理者通过更高水平的管理和农村管理协议来做到这一点。这些项目帮助沼泽贝母等群落恢复，特别是在具有特殊科学价值的地点；改善水质；保护和恢复景观和遗产资产，包括作为主要碳存储的毯状沼泽。

第六章

英国农业绿色发展的推广机制

第一节　农业资源环境和绿色发展的
技术推广体系和制度

近些年，英国农业占 GDP 的比重一直处于 1%，农业劳动力占全国劳动力人口的 2%，耕地面积占全国总面积 26%。英国农业提供了 70% 的粮食和食品消耗，英国农作物生产量占欧盟的 8%，位列第 4。

一、英国引导农业技术创新的具体措施

（一）运用欧盟共同农业政策给予的每年 30 亿英镑农业补贴，引导农民应用新技术

英国 1973 年成为欧盟成员国，实行欧盟的共同农业政策。共同农业政策的宗旨是：以国家为基础，由欧盟对农业市场进行管理或干预，所获得的收益及支付的成本在成员国之间进行合理分配。它由两部分组成：一是通过价格对农业生产者进行保障的市场政策；二是对农业产业资源重新进行有效配置的结构政策。欧盟希望通过执行共同农业政策，实现 5 个基本目标：通过技术进步，保证农业生产合理发展，优化生产要素，尤其是对农业劳动的使用，以提高农业生产率；确保农业部门合理的生活标准，特别是要提高农业人口的收入水平；稳定内部市场；保障农产品供给；保护消费者的利益。欧盟按照共同农业政策，每年给予英国农业财政补贴 30 亿英镑。英国 2005 年统计年鉴显示，2003 年英国用于各项补贴的比例为：家禽补贴占 44%，作物补贴占 34%，农业环境占 10%，支持环境恶劣地区占 5%，预留占 7%。

英国政府按照欧盟共同农业政策制定和实施各种面向农村、农场主和土地管理者的补贴计划。在自愿的前提下同农民签订合同，明确提出合同所要达到的指标并将补贴金直接发到农民（最终用户）手中。农民为了提高生产率，按照合同和自己的生产需求，必然将部分资金投资于能帮助他们完成合同指标的新技术、新工艺、新设备。在寻求技术的过程中，英国完善、高效的中介机构

（包括各种农技推广机构、农业行业协会、咨询公司甚至科研机构自己的协作网络等）起到十分重要的作用，有些大型农场主甚至都聘有自己的技术顾问。在市场机制的调节下，使得科研机构、中介机构围绕着农民一线的需求开展工作。这样，对科研机构来说，了解了生产第一线的需求，新技术得到应用，成果得到转化，实力得到加强；中介机构实现了其服务价值；农民提高了生产率，完成了合同规定的任务；国家和欧盟实现了其战略部署和目标。

（二）英国促进农业技术创新的主要计划

1. DEFRA 制定的系列计划

围绕欧盟共同农业政策和英国农村战略的中心目标，DEFRA 出台了一系列具体的、可操作的计划和措施，在帮助农民发展农业经济、适用新技术、提高自身素质和竞争力的同时，不断改善农村环境。

（1）农业环境建设方面的投资计划。政府从以单纯补贴为主向强调农业全面发展和统一规划的方向转变，由过去直接补偿农场主转变为补偿农田环境改善，促进农场主对环保型先进技术的使用。政府希望把农业生产与环境保护紧密结合起来，使农场主不仅是农产品生产者，还是农业的保护者。

（2）有机物耕作计划。资助农场主从传统的耕作方法向有机方法转变，激励有机农业生产的扩张。该计划为两类农民提供为期 5 年的合同资金：一是提供由传统耕作改为有机耕作所需的部分资金，二是为已从事有机耕作的农民提供部分维护资金。在有机物耕作计划的鼓励下，已有 15 万公顷的土地经过评估符合有机耕作的标准，另有 2.5 万公顷的土地（自 2003 年 6 月以来）满足有机耕作维护补助金标准。

（3）环境保护计划。政府同农户或土地管理者签订为期 10 年的合同，每年给予农户一定数额的资金补助，而农户必须按环境友好的方式来管理土地。资金来源由农户和其他土地管理者提供。该计划主要是为了保护耕地野生物种和作物物种，保持生物多样性，维护与提高土地的质量和品质，保护历史和自然资源，鼓励大众游览农村、加深对农村的了解等。计划分成重点保护地区和一般地区两类，目前已有 13.9 万公顷的重点保护地区和 32.7 万公顷的一般土地纳入合同范围。

（4）农村林地奖励计划。鼓励农民种植林木，达到美化环境、保护动植物栖息地、提高生物多样性的目的。该计划鼓励农民将农业生产用地转变成林地，政府每年为农民提供补贴。一般针叶林为期 10 年，阔叶林 15 年。

（5）农村企业资助计划。帮助农村企业和社团提高可持续发展性、多样性和发展农村经济，使农民不断适应变化的市场，开发新的商业机会。2001 年 4 月到 2006 年底，该计划共从欧盟和英国政府获得 1.5 亿英镑的资助。到目前为止，共批准资助项目 1 932 项。

（6）能源作物计划。鼓励充分利用农作物，发展生物能。农户在申请该项资金时，必须证明作物已经或将用于产生能源，有最终的明确用户。如用于生物能电站或用于当地的生物能项目，也可以是自家使用的热能原料。根据农作物发电（热）的特点，该计划对农作物所在地与发电（热）站之间的距离有明确的限制，通常小型项目不超过 16.1 千米，大型项目不超过 40.3 千米。

（7）农产品加工与市场开发奖励计划。专为加工初级农产品和市场开发而设立，旨在鼓励英国农民生产出更多满足消费者需求的、更具创新性和竞争力、高附加值的产品。这个计划实施后，产生了很好的效果，有 80 种新产品在该奖励计划的支持下上市。政府和欧盟的奖励基金也从 2001 年的 400 万英镑提升到 2006 年的 4 400 万英镑。该奖励计划的最大奖励金额为 120 万英镑，奖励金获得者在项目中的投资至少占项目总额的 45%。

（8）农民职业培训计划。计划规定，受训者和培训组织者只要符合计划提出的要求和标准，提出申请并获得批准后，即可从政府获得最多不超过 75% 的培训经费的资助。当然，计划对资助的范围有严格的定义和规定。到 2005 年 6 月，培训总天数达 104 178 天。

（9）支持条件艰苦地区的补贴计划。高地畜牧补贴计划专为在高地养殖牛羊的农牧民提供补贴，以保证农业对农村经济不可替代的贡献和对英格兰高地的环境管理。这项计划一改往日以牛羊数为基准的、鼓励多产的补助模式，变更为按环境地域条件定补助标准，鼓励合理、可持续发展的养殖模式。

2. 1997 年由贸工部、工程与物理科学研究理事会（EPSRC）**设立的法拉第伙伴计划**

通过鼓励建立伙伴关系将科学、工程和技术研究机构与产业界密切联系在一起。法拉第伙伴计划中有遗传合作伙伴组，就是将英国著名的遗传技术研究机构，如罗斯林研究所、爱丁堡大学等，与家禽养殖农场、动物健康产业界密切联系起来，共同改进和协调遗传技术的应用。这种合作是一种双赢的合作，对研究机构来说，促进了遗传基础研究、加速了技术转移、繁荣了相关的培训活动；对家禽养殖场、动物健康产业界来说，新技术的应用则强化了家禽养殖实力，提高了动物产量，改善了动物健康，繁荣了农户和市场。

3. 英国农业、食品和渔业部（DEFRA 的前身）**设立的可持续畜牧生产联系计划**

联系计划于 1986 年设立，是政府通过项目的方式推动公共研究机构与企业进行合作研究的主要机制，以促进英国企业的创新能力。该计划下的每个项目必须至少有一个企业参加。为响应联系计划对未来畜牧业生产的技术预测，英国农业、食品和渔业部设立了可持续畜牧生产联系计划。根据畜牧养殖技术发展的需要建立畜牧生产与研究机构之间的合作研究机制，促进英国畜牧业生产水平和竞争力的提高。该项合作的研究经费由政府和企业各出 50%。

（三）强化农业科技推广工作，为农民使用新技术提供支撑

英国从 20 世纪 80 年代就开始将农业科技的研究与开发工作转移到农户的农田和牧场中进行，并赋予农业推广以"沟通和创新"的新内涵，把农业推广过程看作"与农民交流和沟通以及农民采用技术的过程"，是农民认识技术、选择技术，并在技术采用过程中对技术进行应用、调试和改造的过程。这就突出了农民在科技因素进入生产过程中的主动性和选择性，而改变了以往那种单向的、被动的技术推广的局限性。英国政府认为，农民是这一过程的主体，而政府的农业推广体系和机构只是一种服务机构，应根据农民的需要提供各类必需的咨询和技术支持。英国的农业发展及咨询服务系统始终强调以用户——农民为导向的咨询服务意识，而且其服务的内容不仅仅局限在技术本身，而是拓展到市场信息、营销、农户、农场生产设计、财务管理等方面。

（四）重视信息系统的建立，为农民使用和掌握新技术提供平台

英国使用信息技术发展农业生产已有 100 多年的历史。目前，已建立了比较完善的农业信息服务系统，即国家信息数据中心，包括农业中心、人口中心和调查中心 3 个组成部分。重点包括 4 个数据方向：①地名、邮政信息；②管理信息；③地理信息；④数据区域边界信息。每年在 6 月进行农业信息数据调查，收集信息 150 多种，建立信息网，包含各种信息数据。主要供农民、商业、学术研究、政府部门使用。农业信息网主要功能：一是提供参考信息，包括农业方面的文章资料；二是提供各种信息图，为农民耕种、畜牧服务；三是提供各种农牧业、农牧产品的信息供农场主、牧场主在网上查用。英国普遍实行了免费向农民提供技术服务和农产品市场信息服务等政策，并在税收、服务等方面加大了对农村地区的扶持力度。

二、英国农场认证技术推广措施

1. 鼓励和支持可持续农业

综合农场管理（IFM）是 LEAF 所有活动的基础，它与英国的农民、供应链和利益相关者一起工作，以实现一个农业、饮食和生活可持续发展的世界。

2. 通过 IFM 实现可持续农业

LEAF 通过发展和促进 IFM 来提供可持续的食品和农业。IFM 是一种将最先进的现代技术和传统方法相结合的农场经营方式。注重细节至关重要，合理有效的投入、更明智的业务规划以及采用创新和新技术都有助于提高生产率，同时保护宝贵的资源。

3. 用于整个农场的方法

可持续农业提供了一个地点特定的农业系统，以支持长期的农业经济可行性、环境和社会一体化。IFM 通过提高经济效益、环境质量和社会健康，来提供更可持续的农业。它也与快速涌现的自然资本议程有关，后者旨在为农民提供的商品和服务设定货币价值。IFM 由 9 个部门组成，共同处理整个农场的业务。这 9 个部门都是相互联系的，了解它们如何协同工作对于有效执行 IFM 是至关重要的。

4. 支持农民使用更可持续的方式耕作

开发正确的工具使农民能够使用 IFM 是 LEAF 工作的核心部分。英国的在线管理工具"LEAF 可持续农业审查"是实施 IFM 的基础。它为英国的会员提供一个完整的农场健康检查，并提供持续改进的基准和行动计划。完成"LEAF 可持续农业审查"也是 LEAF 认证的核心要求。此外，英国为会员提供广泛的资源以了解 IFM 的具体细节，包括 LEAF IFM 指南，LEAF 信息中心以及英国土壤、水和生物多样性的易操作的可持续系列技术手册。

5. 发展综合农场管理

促进围绕 IFM 的知识产生和交流对于 IFM 的持续发展和应用至关重要。英国通过 LEAF 创新中心获取 IFM 的最新研究成果，并将研究结果传播给示范农民，农民则反过来通过访问和在农场内外进行谈话向更广泛的农业社区传播。此外，英国还参与了一些行业团体和项目。在这些活动中，英国分享了本国的知识、专业技术和汇总的资源。值得注意的是，英国参与了可持续集约化研究平台（SIP），它汇集了农民、研究人员、从业人员和行业专家，使英国能够在广泛的农业背景下探索与可持续集约化相关的机遇和风险。

6. 在世界背景下的 IFM

IFM 的地点特定框架允许英国考虑不同的农场类型、地理位置和种植。IFM 定期与会员讨论，了解他们目前对其业务整体可持续性的看法，以有效回应他们的需求。2016 年进行的一项调查显示，会员对其企业的经济、社会和环境可持续性的期望总体上有所下降。这或许是当前政治气候的一个迹象，但同时也是一个非常清楚的提醒，IFM 为全球农民提供了一种现实的方式来应对经济不确定性、气候脆弱性和公共卫生的挑战。

7. 促进知识的产生和交流

研究有关 IFM 的知识并确保其在当地惠及农民，是 LEAF 的核心目标之一。由 38 个示范农场和 9 个创新中心组成的 LEAF 网络有助于实现这一目标。推动 IFM 的应用并确保它得到可靠科学的支持是至关重要的。

在创新中心进行的、主要集中在 IFM 的特定领域的前沿研究反馈给示范农民，他们随后将科学理论付诸实践。这反过来又通过农场参观、会谈和技术信息向 LEAF 会员和更广泛的农业社区传播。这种科学实践方法是落实 IFM 的关键。

伙伴关系是知识创造和活动交流的重要组成部分。除了与 LEAF 网络紧密合作外，还与英国和欧洲的许多行业团体和项目合作，收集资源和专业知识以确保产生更广泛的影响。

8. 开发市场机会

LEAF Marque 是一种环保系统，它能识别更可持续的耕种产品。通过 LEAF Marque 认证，农民可以获得更好的商业机会，展示他们的环保认证信息，并帮助推动更可持续的食品供应链。在英国的超市和其他零售商店，人们可以越来越多地看到各种新鲜农产品以及鲜花和圣诞树等非食品类商品。在全球范围内，谷物和园艺仍然是两种最大的 LEAF Marque 产业，分别在 LEAF Marque 认证的企业中拥有 119.4 万公顷和 15.2 万公顷的种植面积。

LEAF Marque 继续与种植者、加工者和零售商建立密切的合作关系。作为英国最大的零售商之一，Waitrose 是英国第一家在农产品生产上展示 LEAF Marque 的超市，它继续引领着这一潮流——英国所有种植类新鲜农产品都是基于 LEAF Marque 的标准耕种的。联合利华和 ADM 希望将 LEAF Marque 认证的油菜籽用作酱料和调料的原料，这是其可持续生活计划的一部分。2016 年，LEAF Marque 被确认为玛莎百货新鲜农产品的属性标志，而欧洲最大的沙拉生产商弗洛莱特则继续在一系列的沙拉产品上展示 LEAF Marque 的标志。英国第四大谷物制造商约旦也建立了围绕 LEAF Marque 标准的新伙伴关系。可持续食品背后有着强大且不断增长的动力，这代表着农民的全球性机遇。LEAF Marque 认证是推动这一进步的关键。

9. 让公众参与的可持续食品和农业

在公众中建立联系，提高对粮食生产方式、来源以及农场提供的大量产品和服务的认识，是实现更可持续农业的关键部分。"LEAF 农场开放日"是主要的公众参与活动之一，每年 6 月定期举行，该活动为成千上万的人提供参观农场和了解更多关于可持续农业和粮食生产的机会。越来越多的获得 LEAF Marque 认证的企业和 LEAF 示范农场参与到农场开放日的活动中，并定期举办参观、讲座和支持社区活动。通过媒体宣传和交流活动，农场开放日的范围大大增加。为农民提供正确的技能和工具是有效扩大消费的关键。2016 年，IFM 为农民举办了两次交流培训课程，农民经常利用 IFM 收集的农场信息板向参观者介绍 IFM，以及 IFM 如何为他们提供更可持续的农业。

10. 组织和规划

信息组织与规划是 IFM 的基本组成部分。规划有助于实现目标，推动农场运营的持续改进。有效计划的起点是检查当前的业务，确定需要改进的领域，并建立明确的业务目标、优先级和行动计划。IFM 鼓励农民就其业务的所有方面，包括健康和安全、工作人员发展、财务规划和环境政策，制定明确的、有文件记录的管理计划。这些都是至关重要的，以便量化和证明 IFM 对整个业务的经济、环境和社会影响。

三、英国农业面源污染防控的技术推广体系

英国推行土地的私有经营，目前推行非政府形式为主导的农业技术推广体系，包括面源污染防控在内的农业技术推广体系，主要依靠市场和私营体系，政府的主要作用是制订规则（如面源污染的标准和规定等）。英国农业技术推广参与主体主要有三方面。一是农业技术的研发机构，主要参与者有：国家农业研究机构，如国家农业研究委员会、农业科研教育单位、高校；还有私人出资办的农业研究机构，如农业研究所、农业企业等。二是农业技术的推广平台机构，包括 DEFRA 农业发展咨询局及其下设的区域性推广机构和农业技术推广训练中心、农业专业技术协会、农业企业等，其中农业发展咨询局属国家级推广机构，负责全国农业技术推广的规划、经费预算、组织协调、成果管理等，农业技术推广训练中心是最基层的推广组织，主要负责培训农业技术推广人员。农业技术推广人员成立协会，负责技术推广人员的注册、培训和管理，以确保农业技术推广服务的质量。三是农业技术的使用者，主要有地方政府、农场主、农业企业，其中农业企业既是农业技术的推广者，也是技术的使用者。英国的农业技术推广体系主体具有多元化特点，农业技术的利益相关者（农业技术拥有者、推广者、生产者）存在一定程度的双向信息交流。

第二节　农业资源环境的科研教学整体情况

英国的农业研究、推广和教育有相当雄厚的基础。时至今日，英国的海外影响已大大削弱，原先建立的机构也逐渐改变其功能，除继续保持同国外的广泛联系外，加强了为本国农业发展服务的工作。第二次世界大战后，英国农业产量显著增长，很大程度上得益于农业科研、推广和教育事业的配合。此后，随着英国农业逐步从资金密集型向知识密集型发展，这类"第三产业"的地位还将得到提升。

一、农业科学研究

英国农业科学研究有较久历史。距伦敦 25 千米处的洛桑试验站成立于 1843 年，是世界上第一个此类研究机构。19 世纪末和 20 世纪初，又先后成立

东茂林研究所和 James Hutton 研究所等著名研究机构。经过长期发展已经形成门类比较齐全的农业科研体系，拥有强大的科研队伍。内阁教育和科学部下设的农业研究委员会统一计划和协调全国的农业科研工作，由会长和委员若干人组成。会长和多数委员由教育和科学部任命，少数由农业、食品和渔业部任命。

私人办的研究机构有许多也接受农业研究委员会资助，并受其监督和指导。农业研究委员会每过几年会派出由专家组成的检查小组，对接受资助的各机构的工作情况进行检查，对其科研成果加以评定，作为继续提供经费的依据。

从研究内容看，BBSRC 和高等学校的研究机构，以及一部分接受政府资助的私人研究机构侧重于基础研究；农业、食品和渔业部所属机构主要进行应用研究。此外，不少化肥、农药、农机具制造公司，也进行相当规模的研究，它们拥有自己的研究所、实验室和试验农场。

为了进一步加强农业研究，1973 年教育和科学部成立了联合顾问组织作为咨询机构。该组织下设畜牧、作物和牧草、园艺、食品科学和工艺、工程和建筑设计 5 个咨询局，每个咨询局又设立若干专家委员会。这些专家委员会负责调查某一学科的研究状况和进展。联合顾问组织根据各咨询局的调查材料，向农业研究委员会和农业、食品和渔业部等提出报告和建议。英国农业科研机构数量很多，仅国家办的和接受政府经费资助的私人机构就不下 70 个，它们的研究领域几乎涉及农业生产和经营管理的各个方面。比较重要的有从事土壤和作物栽培长期研究的罗萨姆斯坦试验站，成果卓著并成为全国最大育种中心的剑桥大学植物育种研究所，长期从事果树矮化砧木培育的东茂林研究所，从事肉猪研究的罗维特研究所等。里丁大学的农业战略研究中心从事农业宏观决策研究，近年发表了一系列成果。

应该指出，近 20 多年来，英国大大加强了新技术在农业中应用的研究。现在电子技术已经广泛应用于选种、控制畜禽舍温度和湿度、制定最佳牲畜喂饲方案和作物施肥方案等方面。其他如应用放射性同位素研究害虫生活规律，应用遥感技术预测自然灾害和调查土地资源等，都取得了新的进展。

二、农业教育

为了适应农业现代化的需要，英国十分重视发展农业教育，从而提高农业从业人员的文化素质和技术知识水平。在英国，要经营一个农场，即使是很小的农场也必须具备一定文化水平和专业知识，取得相应的资格证书。农业工人要获得可观的收入，也要接受教育并经国家考试及格后，取得"技工"称号。英国有 4 种农业教育机构，对农业从业人员进行不同层次的培训。

1. 不脱产的职业培训

承担这类培训的学校很多，仅在英格兰和威尔士就有 80 所。培训的对象包括刚到农场工作的青年徒工、农业工人、农场主的子女，甚至是农场主本人。教学时间在每年 10 月至次年 5 月，每周上学一天，一边上理论课，一边进行实际操作训练。学制依对象不同，分为几个阶段。第一阶段一年，为不能上学的男女青年提供初步的农业职业培训。第二阶段一般两年，培训对象是工作过两年的农业工人，学习几门专业课程并参加实习。第三阶段是培养管理人员。第四阶段是培养农场主、农场经理。不同对象可根据各自工作的需要先后参加一个或几个阶段的学习。每个阶段结业时，都要根据国家考试委员会的统一标准进行考试，及格者颁发证书。

2. 农业专科学校

以培养熟练农业工人为主旨，招收对象是在农场工作过 1～2 年，经过不脱产培训，农业基础知识较扎实的 17～18 岁的青年。学制 1～3 年，每年 9 月至次年 7 月为教学时间，80％时间为理论教学，20％在田间或车间实习。学员根据需要学习一系列课程，其中畜牧生产、作物生产和农业机械为必修课。结业时由国家考试委员会组织考试。目前英国有这类农业专科学校 40 所。

3. 三年制的农学院

三年制的农学院分两类。一类为受过普通中学教育并在农场工作过一年的农业工人，开设三年课程。采取"三明治"式的学制，即第一年和第三年在校上课，中间一年在教师指导下到农场实习。完成这种学业后颁发"普通国家证书"，毕业生多数到农场、化肥厂、饲料加工厂或农机公司当技工。这类农学院有 28 所。另一类是学术水平较高的三年制教育，招收中学阶段成绩优良并有一年农场实际经验的人员入学。其任务是培养农场主、农场经理、农业企业和政府机构的技术和管理人员，以及农业师资。这类农学院有 9 所，各有其侧重和特点，以保证各方面所需要的专门人才。毕业生颁发"高级国家证书"。

4. 大学农业教育

大学农业教育培养有学位的高级专门人才，学制 3～4 年。英国有十几所大学经办这类教育，培养的学生既有扎实的专业基础，又有较广的知识面。大学毕业生一般具有较高的理论素养，有独立思考和综合分析能力，他们将成为科学研究人员、经济和行政方面的领导人。

第三节　农业绿色发展的共同平台

一、农业科技情报支撑服务部门

科技情报工作是农业科研体系中的重要一环，设在英国的国际应用生物科学中心（CABI，原英联邦农业局），是世界上规模最大的农业科技情报中心之一，建于 1929 年，有 26 个英联邦成员国参加，其经费亦由参加国共同负担。CABI 下设 10 个分局和 4 个研究所。10 个分局只承担情报服务，4 个研究所除情报服务外，还承担生物鉴定和病虫害的生物防治方面的工作。

（1）情报服务的主要方式是出版文摘。分局和研究所每年从约 40 个语种的 8 500 种期刊中选录约 15 万条文摘，分别刊登于 42 种文摘杂志上，面向 150 个国家发行。这些文摘杂志基本上包括了农业科学的主要内容，并采取分学科出版的形式，便于相关专业人员利用。

（2）除出版文摘杂志外，CABI 还供应卡片、原文复制品和磁带，开展为用户翻译文献和检索情报等业务。1972 年以来，CABI 将文摘存入数据库，用户可以通过联机服务，在计算机显示终端的屏幕上阅读需要的文摘，还可以取得打字稿。CABI 的其他业务，包括出版专业书籍、专门地图、书目索引，举办短期训练班，帮助有关人员利用该局提供的情报服务等。CABI 的情报服务，大大有利于各参加国，包括英国本身的农业科研和普及工作。在国际上也享有盛誉，每年有大批国内外专家来访。

二、农业推广系统

农业推广工作由政府农业部门或与政府合作的私营机构领导。英格兰和威尔士的农业推广工作在 1997 年以前由英国的农业发展和咨询局（ADAS）负责，1997 年 ADAS 转为独立的私营机构后，其结构、功能和运行方式都发生了很大变化，但仍参与农业推广工作；苏格兰的农业推广工作归苏格兰的农业改良委员会负责，由三所农学院具体承担；在北爱尔兰，农业推广工作由北爱尔兰农业部的总检察长领导，在主要市镇设立咨询中心。此外，分布在各地的农业院校、研究所和研究中心也开展各种咨询服务。1997 年以前英格兰和威尔士的 ADAS 是最大的技术推广机构，拥有工作人员 5 000 余人，下设兽医、农业、农业科学、土地、排水等 5 个服务部，各服务部还拥有相应的调查中心、实验室、分析室、试验农场等。这些服务部对农业的各个领域，包括经营管理、畜禽疾病调查和防治、病虫害防治、饲料分析、合理配给畜禽口粮、肥料分析、土壤鉴定、排水供水、农业建筑和道路等，为农场主和土地所有者提供技术指导和业务顾问。

ADAS 曾把英格兰和威尔士按自然经济条件划分为 6 个地区，地区再分为 24 个分区，分区下面是基层小区。每个小区大约包括 500 个农场，由一名顾问负责并有各方面的专家协助指导，该模式现在仍被广泛应用。

英国农业推广部门充分运用一切现代化通信工具推广各种农业新技术。它们参加重大的全国性和区域性的农业展览活动，并组织各种示范表演、经验交流及现场会议。平均每个基层小组有一个农场主讨论小组和专家小组，充分讨论和研究该地区农业的各方面问题。每个分区都办一份"咨询公报"，每月一期，免费送给各农场。还编印很多全国性和地方性的参考资料，包括小册子、活页文献等。其中 ADAS 对发展英国农业所做出的贡献，得到社会各界的认可。

英国还重视举办农业展览活动，传播农业技术知识，推广先进经验和农机具。其中规模最大最受重视的是一年一度的"皇家展览"，它于每年 7 月的第一周举行，为期 4 天。1963 年以后，会址固定在伯明翰东南面的沃里克郡，占地 200 多公顷。展览的内容，包括各种农机具、化肥、农药、作物、牲畜品种、种植技术和畜禽饲养管理技术等。展出期间还举行丰富多彩的评比表演活动。除"皇家展览"外，每年还举办多种形式的专业性和区域性的展览活动。

第七章

英国农业绿色发展的政策

第一节　种植业绿色发展的法律法规与政策

2015 年英国国内生产总值达 2.94 万亿美元，人均约 4.56 万美元，是世界第六大经济体。英国农业人口约 47.6 万，占全社会总劳动力的 1.6%。农业总产值约合 176.4 亿美元，虽然占国内生产总值的比重仅为 0.6%，但政府依然高度重视农业农村发展，以欧盟共同农业政策为主导，不断推进农业现代化向更高水平迈进。

英国农业具有绿色化发展的特征。英国农业与环境协调发展，到处绿树成荫，随处可见草地、农田、树木为一体的田园风光，乡村秀美如画。实际上，英国绿色化农业发展也是个渐进过程，20 世纪 50 年代前后曾出现严重环境污染，经过 30 多年的综合治理，到 80 年代得到显著改善。英国政府通过"绿色发展计划"推广可再生能源、农药安全管理、综合养分管理、多样性种植、休耕轮作、风能太阳能等技术，支持农村改善环境，维护生物多样性，保护自然资源，提高公众保护环境的意识。如 Dunsden Green Farm 农场，在 1 000 公顷自营土地中，800 公顷用于大麦生产，200 公顷用于种植牧草和防护林，既发展粮食生产，为畜牧业提供饲草，又保护了水土、美化了乡村环境，实现了人与自然和谐相处。

为了不断促进农业和乡村发展，提升农场竞争力，英国政府在欧盟共同农业政策框架下，采取了一系列法律法规与政策措施。英国现代农业发展按照其战略规划和产业规划要求组织实施，确保了发展思路和措施的连续性。英国的农业规划体系包括两个方面：一是战略规划，由政府组织编制和发布。如英国DEFRA 制定的《25 年食品与农业规划》（*25 year Food and Farming Plan*）和《25 年环境战略规划》（*25 year Environment Strategy*），国家战略规划发布后，英格兰、苏格兰、威尔士、北爱尔兰可分别制定适合本区域的战略规划；二是产业发展规划，由各行业组织编制和发布，以作物产量、科技产品利用效率、环境影响等为指标。如英国《渔业规划》则是由行业组织编制，由海洋渔业管理局（UK Sea Fish Industry Authority）发布用于指导农业产业发展。

此外，英国政府十分重视利用计划手段调控农业生产，保证农业收益的最大化。

此外，英国健全的农业相关法律法规体系确保了农业生产的正常进行，覆盖了从农田到餐桌的整个农业全产业链。英国的畜牧业生产活动严格遵循《动物权利法》，对空气污染、水资源利用和农业环境保护等方面内容的管理分别依据《环境保护法案》《环境法案》《清洁大气法案》和《水资源法案》相关条目严格执行，乡村与农业土地规划建设依据《野生动物和乡村法案》和《城乡规划法案》法规。此外，英国基于欧盟共同农业政策和 WTO 规则，根据自身实际情况分别实施了"基本支付""绿色计划""乡村发展"三项农业政策，通过政府直接补贴为农场注入资金，支持农场农业顺利发展。这些政策和法规保障了英国的农业可持续发展。

此外，英国政府还通过出台农业技术战略、鼓励建立农业合作组织以及政府资助农民农业生产技术培训等几个方面促进农业产业的发展。英国政府在2013 年出台了农业技术战略，每年投入 4.5 亿英镑用于农业科技创新，主要用于科技成果转化、创新在供应链中的应用、提高行业领导力和技能水平、出口品牌打造等，以便在农业创新领域领先世界。英国现在形成了农业联合会、农业支付组织、技术支持组织、农业合作社 4 种农业组织，这对于稳定农业生产、市场农产品和食品价格发挥了重要作用。英国建立了完善的政府资助的职业农民培训体系，对于参加培训班并经考试合格的学员颁发"国家职业资格证书"，为提升农民素质、推广应用先进农业技术提供了有力保障。

第二节　土地资源可持续开发的法律法规与政策

英国所有的土地名义上归国王所有，但实际上 90% 的土地归自然人或法人单位所有，并且有严格的法律保护体系，还通过完备的土地登记制度来保护私人土地产权。英国土地管理各环节公众参与度很高，因为每个权利主体都会竭尽全力确保自身权益不受侵害，如听证会等程序在英国都比较完备，而且公众很乐意也很主动地参与并表达自己的意愿。

一、规划体系侧重保护土地

英国《城乡规划法》规定，所有土地的发展权归国家所有。也就是说虽然土地是私有的，但是这片土地怎么开发、什么时候开发、开发到什么程度，还是由政府管控，以此实现政府对土地的管理。英国土地制度中最核心的内容就是土地的规划和开发，从规划层级上可分为全国、区域和地方三级土地规划制度，且下级规划要服从上级规划。全国土地规划主要在宏观政策上进行控制；

区域规划确定发展目标、重点项目的规划；地方规划则非常具体，约束力更强，由当地议会负责审定，地方政府负责实施。

（1）激活棕地，延续绿地。英国土地规划中有两个比较重要的概念：一个是绿地，一般是指没有被开发利用过的土地；还有一个是棕地，一般是指废弃或空置的土地，以及按照规划有再开发潜能的土地。英国现在有一个理念比较深入人心，就是"激活棕地、延续绿地"，尽量让绿地保持不变，用那些原先已开发的土地进行再次开发。

（2）推崇"保护性开发"规划。英国土地政策中还包含"绿带系统"的理念，其中包括对自然环境的保护，还有对历史文化的保护。英国1935年提出了绿带系统，目前全国有14个绿带系统，共62.7万公顷，占英国土地的12%。绿带系统既可以保护自然环境，防止农村过度开发，又可以防止城镇过度扩张甚至连成一片。英国用80多年的实践证明这是一项很管用的政策。

（3）对国家公园进行高层级保护。1949年英国开始施行国家公园制度，对国家公园的保护具有很高的制度层级，基本原则是当保护与使用冲突时以保护为主。所以，在绿带和国家公园等保护性区域里进行土地开发是比较难的，只能进行限制性的开发，比如农林开发、改建、基础设施建设等，在进行必要性论证的基础上，也可以进行住宅等用途的开发。

（4）将历史建筑纳入严格保护清单。英国的土地规划非常注重保护，尤其对历史文化建筑的保护。英国有一个历史保护建筑的清单，纳入清单的建筑都要受到严格保护。但是在很多开发中难免遇到一些历史建筑，这就要求整个区域的开发必须与这些建筑协调，要求对历史建筑的开发要保留原来的历史特点，同时也要考虑周边居民的实际需求。比如圣保罗大教堂附近的建筑项目，高度受限，不能遮挡教堂；一些历史建筑旁边的新房的外立面要用复古的材料，建成后和周围历史建筑风格一致；等等。

二、规划许可规范土地开发

政府通过土地规划许可体现国家意志和国家利益。规划许可制度是英国土地规划体系的核心，即土地开发必须申请取得规划许可。英国对土地开发的定义包括在土地上新建、土地使用功能的改变以及其他。其中，"其他"的内涵比较丰富。例如：一个艺术家没有申请规划许可，在自家屋顶上做了一个鲨鱼雕塑，邻居觉得影响美观就举报了，一开始被认定为未经许可开发要求拆除。但房屋主人主张这是艺术，后来经过申诉等渠道最终在社区征询意见中获得大部分人支持，鲨鱼雕塑得以保留下来。这一类行为就属于"其他"开发行为，也需要规划许可。

（1）按照土地用途确定开发许可范围。在英国不是所有的土地开发都需要规划许可，比如一些农业开发就不需要许可，还有一些改变用途的情况也不需要许可。英国的土地利用规划把土地用途分为四大类和若干小类。在不同大类间转换用途需要规划许可，比如：从 A 类变为 B 类，需要许可；在同一大类内的不同小类间转换用途，一般来说从低层次向高层次转换需要规划许可，如果是从高层次向低层次转换则不需要规划许可。比如：从 A4 饮品店变更为 A5 外卖食品店是需要许可的，但反过来则不需要。具体对于哪些需要许可，哪些不需要许可，都有明确规定，比较好执行。

（2）"棕地"开发建设注重环保要求。英国的"棕地"与中国的城镇低效用地类似。对于"棕地"开发的典型例子就是英国最著名的奥林匹克公园的建设，该公园选址在伦敦 4 个区的中间地带，最初是典型的脏乱差区域，以前主要是一些破旧的公司、工厂、垃圾站，还居住着贫民。英国并没有因为是奥运村的建设就在规划许可申请上对项目大开绿灯，开发者依然要按规定向 4 个区的规划部门分别提出申请。建设过程中，他们也非常注重环保，注重对建筑垃圾和污染土壤的有害物质进行无害化处理和就地再利用。最终，奥运场馆的建设带动了整个区域环境的整体改善。

此外，像英国这样的发达国家，不追求快速发展，而是更多地去思考精细化发展、可持续发展。在奥运村场馆和基础设施的审核规划许可阶段，就既考虑奥运会期间的利用，又考虑奥运会后的可持续利用。他们在建设前就考虑好要把奥运会期间的媒体中心，在奥运会后改作商业设施，把奥运村改建为一般居住用房等。

三、违规行为处置以自行恢复原状为主

英国没有"天上看、地上查、网上管"的土地执法机制，土地所有者对自我权利的保护意识很强，较少发生土地违反规划的情形。

一般来讲，对违法规划的开发行为在英国是没有行政罚款的，以自行恢复土地原状为主。还有一些虽然违反了规划，但如果论证下来不是主观恶意、没有侵害他人利益、没有破坏周边环境，也有必要建设，还会人性化地补发规划许可。当然，也有一部分是需要强制执行的，但强制执行是有期限的，就是说违法行为存在一定时间未被发现，就免于强制执行。不同类型开发的强制执行期限不一样，一般住宅等开发的强制执行期限是 4 年。但这仅仅意味着不必强制执行了，并不等于合法化了，如果土地要买卖，还是会受到很多限制。这个强制执行 4 年的期限也有例外。比如，英国南部的一个农民，在没有获得规划许可的情况下，在自己的土地上建了一个城堡，为了不被发现，他在城堡周围盖上塑料布和干草，4 年内确实没有被发现。过了 4 年，他把遮挡物拆掉，大家才知道里面建了个城堡。政府认为农民钻了法律的空子，要拆掉城堡，农民

认为过了 4 年追诉期了就不能拆了，最后诉诸法律。法院认为，这个农民在建城堡之前就想好了对策，其行为是恶意的，判决支持政府将城堡强制拆除。

在土地规划实施过程中，英国还有一个很重要的手段就是强制征收。这是实现规划确定的发展任务的一种常用手段，有公示、沟通、调解等一整套完备的程序。补偿的原则是按照原用途补偿，不会让被征收者获得远高于土地现有价值的补偿，对非法开发的土地不予补偿。

说到强制征收，英国政府对公共利益的界定比较宽泛，当政府认为需要对某些地方进行开发、改造时，就可以实施强制征收。征收后土地的用途不局限于公共用途，也包括私人开发以及住宅建设。但前提是，政府有明确的规划计划，也经过充分论证并征询民众意见，表明这个项目是必须建的，是符合绝大多数人利益的。一般情况下政府强制征收的权利也有一个很重要的制约，就是英国是民选政府，如果群众反对的呼声很高，政府一意孤行的话，就有可能在下次选举中得不到支持。所以，政府行使强制征收权的时候，会充分权衡利弊。

四、规划督察员协调解决用地争议

在实施土地规划、土地开发、强制征用过程中，难免会遇到争议。比如，在申请规划许可时被政府拒绝了，而申请人又不服，碰到这种情况，申请人可以继续采取一些措施：可以重新与政府谈判达成共识，从而获得许可；也可以向中央政府申诉，这时就会有规划督察员代表中央政府介入处理申诉，最后向法院司法起诉。

英国规划督察员的一项职责是负责国家级项目的规划，协调地方规划符合中央规划，另一项职责就是处理针对规划提起的申诉。这里的申诉，可以是因为规划许可申请被否决了，也可以针对规划许可被批准时附带的条件。比如：政府批准了一个住宅项目的规划许可，附带配建 40% 经济适用房的条件，英国一般情况下商品房开发都要配建 40% 经济适用房。开发商可以针对这个条件申诉说现在经济不景气，配建 40% 太多了等。规划督察员将召集双方进行问询、举证，根据实际情况，考虑国家和各方利益后，最终决定申诉的成功或者失败。

一旦进入申诉，该规划许可的决策权就在中央了，由规划督察员签发规划许可。可见，规划督察员是直接处理具体项目的，拥有比较大的权利。例如：在牛津的一块土地，原先是船坞，开发商提出要建住宅，这是符合当地规划的，而且当地政府也是欢迎的。但由于附近有历史性保护建筑，当地公众强烈反对建设这个项目。当地政府从多方面考虑后支持了公众的意愿，拒绝了开发商的规划申请，此后开发商向规划督察员申诉。一般情况下督察员会支持符合规划的项目，但没想到规划督察员在现场察看后，认为这个项目与当地周边建筑立意不符，从而否决了这个项目。

第三节　水资源保护的法律法规与政策

从宇宙来看，地球是一颗蔚蓝色的星球，地球的储水量是很丰富的，共有 14.5 亿米³ 之多，其 72％ 的面积覆盖水。但实际上，地球上 97.5％ 的水是咸水（96.53％是海洋水，0.94％是湖泊咸水和地下咸水），又咸又苦，不能饮用，不能灌溉，也很难在工业应用，能直接被人们生产和生活利用的水少得可怜，仅有 2.5％ 的淡水。而在淡水中，将近 70％ 冻结在南极和格陵兰的冰层中，其余的大部分是土壤中的水分或是处于土壤深层的地下水，难以供人类开采使用。江河、湖泊、水库及浅层地下水等来源的水易于开采供人类直接使用，但其数量不足世界淡水的 1％，约占地球上全部水的 0.007％。

全球每年降落在大陆上的降水量约为 110 万亿米³，扣除大气蒸发和被植物吸收的水量，世界上江河径流量约为 42.7 万亿米³，按世界人均计算，每人每年可获得的平均水量为 7 300 米³。由于世界人口不断增加，这一平均数比 1970 年下降了 37％。20 世纪 80 年代后期全球淡水实际利用的数量大约每年 3 000 米³，占可利用总量的 1％～3％，但是随着人口的增长及人均收入的增加，人们对水资源的消耗量也以亿计增长。

水资源既是一个国家最基础的自然资源，也是一个国家战略性的经济资源。我们应增强保护水资源意识，加大保护环境的力度。

一、英国农业环境水资源保护措施

针对水资源保护、面源污染防控，英国 DEFRA 还在英格兰和威尔士境内开展按照欧盟水框架计划以控制面源污染为目的的敏感流域耕作项目（Catchment Sensitive Farming）。该项目首先使用环境署多年的监测数据和建立的模型，筛选了英格兰和威尔士境内的数以百计的河流流域，最终选择了最有代表性且最容易受到农业面源污染的 60 个流域开展项目调查，并分别在这些流域内设立了办公室并聘用了专职人员以开展工作。这些专职人员将针对自己所在流域的农场开展工作，工作的主要方式包括：一对一免费上门对农民进行耕种技术模式指导，在农村通过社区培训课宣传环保理念和方法，指导农民申请生态补偿资助等。项目工作人员和农民通过面对面交流、培训等方式增进了彼此间的了解，通过帮助农民申领生态补偿资助，专家获得了农民信任，为下一步在整个流域范围内开展项目奠定了基础。通过项目的开展，农民获得了实质的经济利益，一方面工作人员科学的指导可以帮助减少农业投入；另一方面与英格兰签订协议，通过生态补偿资助获得更多的收入。同时整个社会获得了生态环境效益，污染源的减少，使得水污染的风险大大降低，不仅保证水体质量，而且提高了生物多样性，美化了环境。

25年规划通过以下措施来获得洁净和充足的水资源：

（1）通过建立现有的良好做法和成功的监管模式，保持工业排放的持续改善。减少对河流和地下水的破坏性抽取。

（2）根据流域管理计划，无论是生物多样性还是饮用水，都达到或超过被特别保护的河流、湖泊、沿海和地下水的目标。

（3）支持英国水务监管部门的泄漏目标，尽量减少因泄漏造成的水量损失，水务公司预计到2025年将泄漏量至少减少15%。

（4）到2030年，尽量减少指定的沐浴水中的有害细菌，并继续改善水域的清洁度。确保向游泳者及时发出短期水污染风险的警告。

二、英国农业环境水资源保护的法律法规

1991年《水资源法》载有旨在防止水污染的规定。根据该法第85条，故意允许将有毒、有害污染物质或废弃物排放到管制水域属违法行为。管制水域为地下水和所有沿海和内陆水域，包括湖泊、池塘、河流、溪流、运河和田间沟渠。

根据1991年《水资源法》第97条，原本"良好农业规范"的部分内容构成了法律法规。这意味着不遵守其中关于避免水污染的建议，不会被起诉或面临民事诉讼，但环境部门根据该法第86条发布排放禁止通知以及根据该法第92条规定赋予他们行使权力时，遵守本规范并非对污染受控水域的罪行提出辩护，而在决定执法行动、处罚和缓解时可以考虑到这一点。

EC《硝酸盐使用规范》（91/676/EEC）规定成员国必须学习借鉴良好农业实践规范，控制硝酸盐流失并防止硝酸盐污染水源，所有农民应自觉遵守该项规定。在国内立法指定的硝酸盐脆弱区（NVZ），农民必须遵守强制措施或规定。这些规定与69—83条列出的良好实践指南相似，但有些情况下更加严格。如果不确定是否位于NVZ，则应该查询DEFRA网站的相关地图。

法律有规定如何在筒仓中、在包裹密封或袋装的捆裹包装中、在青贮塔中制作和储存青贮饲料的要求。筒仓的要求包括：使用防渗透地板和墙壁（不能泄漏）、抗腐蚀，基地必须超出墙壁范围且周围有收集污水渠道，必须带有适当尺寸的污水箱，并且污水箱任何部分都不得位于任何田地排水沟或地表水域10米范围内。污水箱保证能在不进行维修情况下使用20年。青贮饲料废水中只含有少量干燥物质，但确实具有一些饲用价值。但要听取特别是关于如何用其来饲养乳牛的建议。任何用于饲养目的的新储存设施必须符合法律规定。

法律规定了新的建筑义务，要求必须安全储存粪便、固体粪肥储存室的径流及污水。要求包括防渗透性（不泄漏）、耐腐蚀性、结构完整性、适当尺寸的接收坑（至少两天的粪便量）、出口管道上 2 个阀门的使用以及所有与田地排水沟或地表水域低于 10 米的污水储存装置。必须至少能储存 4 个月的粪肥量，除非能向环境署证明有安全的全年管理和田地应用系统；但如果农场位于硝酸盐脆弱区，则必须符合最低储存要求。储存室和接收坑的尺寸要能接收直接降水或流入的雨水。土坑储存室必须始终留有 750 毫米自由空间，而其他储存室计算尺寸时必须留有 300 毫米自由空间。所有建筑构造都必须在适当维护下可用 20 年。

新农业燃油仓库或发生实质性改变的仓库要求规定保护外壳（二级防护）及其尺寸和防渗透性、水龙头和阀门位置、柔性输送管道上安装自动切断燃油设备以及距离田间排水沟或地表水域 10 米以上。在适当维护的情况下燃油仓库必须能够使用 20 年。这些规定不适用于地下油罐和临时移动油箱，也不适用于单独存放的家用燃油。安装地下燃油仓库应向环境署咨询相关情况。环境署会发布通知，防止因储油相关活动造成地下水及地表水域污染。

三、英国的水资源污染控制

英国在 1973 年成立了全国水务委员会（National Water Commission），除负责水资源质与量的管理外，还统管上下水道、防洪、水利科研、水文水质检测、淡水水产资源管理等工作。它把水资源污染控制的范围分为 4 类：①供水，包活对农业、工业和家庭的用水；②渔业；③环境的要求，包活创造优美的环境和提供娱乐的场所以及对这些环境的保护；④排入大海的废水的处理。

四、两种控制水资源污染的方法

在英国控制水资源污染有两种互相联系，又有区别的方法。一种是固定排放标准的方法，另一种是运用水质指标的方法。

固定排放标准的方法也就是单纯对排放进行管理的方法。包括：①禁止那些由于积聚或相互作用造成毒害物质的排放；②对危险性较小的物质，制定固定的排放标准。

这个标准将污染的物质分两类。

第一类，通常叫做"黑色目录"。包括杀虫剂、汞、镉致癌物以及其他根据毒性和在环境、动植物、食用材料、人体等方面造成积聚的性质来选择的物质。

第二类，叫做"灰色目录"。包括除第一类以外的其他物质，它们对环境的有害影响可以限制在一定范围，并且取决于这些物质排入水体的特性和地点。例如，一些影响水的味道和气味或影响鱼类和氧平衡的物质。

英国皇家污水处理委员会（Royal Commission on Sewage Disposal）提出的排放标准是：排放的液体悬浮物含量不超过 30 克/米^3，生化需氧量（BOD）不大于 20 克/米^3。

1951—1961 年施行《河流法案》期间，采用对排放进行管理的办法。1961 年开始法案把对水资源污染的控制建立在固定排放标准和限制对接受排放水体影响的双重基础上。70 年代以后，逐步形成了运用水质指标 RQO 控制水资源污染的理论和方法，1977 年 1 月，全国水务委员会提出了对河流水质指标分等级的建议。

事实上，两种方法各有优缺点。用固定排放标准来控制水资源污染比较简单易行，只需要对排放进行监测和限制。但从经济和社会效益的角度来看，排放标准是固定的，而接受的水体是变动的，因此形成的水质可能高于或低于各种用水的要求。如果低于用水的水质要求，意味着产生了危害生态的污染，是不合适的；如果高于用水的水质要求，或者为了避免出现前一种情况而提出较严格的排放标准，结果出现高于水质要求，都意味着排放前付出了过高的处理代价，即经济上的浪费。这种经济上的浪费最终也影响社会和经济的发展，同样也不合适。这是固定排放标准本身无法克服的缺点。

运用水质指标控制水资源污染的方法则没有上述缺点。但需要对接受排放的水体采用监测系统和更复杂完善的计算和控制系统，并及时决定流入水体的排放是否会造成对水质指标的不利影响，并做出相应的措施和决定，因此往往需要对新的排放有一个事先的申请和批准的过程。总的来说，这个方法对控制水资源污染的工作提出了更复杂化、科学化的要求。

第四节　农田生物多样性的法律法规与政策

农民总是会选择最有利于获得利益的方式开展农业生产。英国农场世袭式经营管理使农场主对农场管理具备高度的责任心、积极性和历史承接的荣誉感，会自主维护生产要素的可持续性，使农田生物多样性的实现具备了内在动力。另外，政府的引导与分担，尤其是各种农业补贴的实施，使得农场经营者与政府共同承担了保护农田生物多样性和农业资源可持续发展的成本和使命，为农田生物多样性的实现提供了外援激励。

一、国家土地发展权管制的实现

工业化时期，英国重视工商业，导致土地所有者损益明显。为此，1947

年英国政府颁布《城乡规划法》，正式将土地发展权及其相关权益实现国有化，规范和调整了土地的开发利用。采取一系列措施严格保护耕地，谋求土地利用整体性效益。进入 21 世纪，面对现实农业环境资源问题，出于可持续发展战略的考虑，英国政府通过授予土地发展权管制土地用途、缓解耕地流失、提高土地质量。通过小农场向大型化、规模化发展，实现了农场的重要生态功能。可见，英国国有化的土地发展权使国家以保护生物多样性为宗旨的农业政策得以通过管制土地用途和经营规模的方式来实现。

二、立法保障农地发展战略规划的实现

英国政府重视并立法保障以国家发展规划为核心的各级农地规划的实现。1942 年出台的《斯考特报告》提出对农地实施分类利用；1966 年，建立了 5 个级别的农业土地分类系统；1981 年英国环境部制定《野生动物、田园地域法》，包含将劣质地转为草地和林地，由政府支付补金等激励机制，农地利用以提高农村环境质量、保护乡村景观和发展农村经济为目标；1987 年制定的《环境敏感区规划》《守护田庄规划》《有机农业生产规划》《农地造林规划》《能源作物规划》等以改善环境、增加生物多样性为目的；1998 年出台了《耕地管理计划》，鼓励冬季作物留茬和耕地休耕；2008 年出台的《英国土壤战略草案征询意见稿》发布了有利于农田生物多样性的土壤可持续利用战略；2014 年，英国 DEFRA 发布了《英国农村发展计划（2014—2020）》，从 2015 年开始利用补偿政策的调整来促进农田生物多样性的实现。

三、政府补贴助推农田生物多样性的实现

英国政府为保护农业生态环境，提高农田生物多样性，制定了一系列农业环境激励政策。具体体现为初级补贴政策、高级补贴政策、有机补贴政策和牧场补贴政策等。例如，在农田边界种植高秆籽实类植物、花草类植物，供鸟类、昆虫、蜜蜂等取食以增加生物多样性，每年每公顷可获得 456.7～492.2 英镑的补贴。每退耕还草 1 公顷，政府补贴 76.1 英镑。因为补贴的存在，农场主可权衡自身效益，根据土地质量情况选择种植农作物或退耕还草。2015 年开始，英国政府用"基本补贴计划"取代"单一补贴计划"，增加了更多的农业生产性补贴。但要获得该补贴，农场主的农业生产必须具备一定的农田多样性。

四、多元参与促进农田生物多样性的实现

英国家庭农场的农地规模经营模式促使农场主经营农场的目标利益与国家保护环境的农业政策和提高经济收益并提高生物多样性的农业考核指标都达成一致，因此农场主自主实施的日常经营管理使增加农田生物多样性的国家目标

得以高效实现。同时农场主践行农田生物多样性的农业目标是由政府、农业部门、科研机构、民间团体、企业以及全民共同参与完成的。例如，East Hall and Bury 农场属于 LEAF 成员，LEAF 便是集合了科研机构、企业以及不同社会阶层的维护生物多样性的机构团体。

第五节　农业绿色发展补贴政策

按照欧盟共同农业政策，英国 DEFRA 通过单一支付计划向农场主支付来自欧盟的补贴，为此每年向约 10 万农场提供 15 亿英镑的补贴，这些补贴只需要农场满足 2 个条件，一是农场必须以农业生产为主，二是农场的生产过程必须满足欧盟交叉法规对环境保护、植物健康和动物福利的要求。由于条件一是绝大多数农场都可以满足的，因此条件二就成为补贴发放的主要依据。

但是由于单一支付补贴中环境保护的要求比较低，只能达到减少污染的目的。因此，为了更好保护农业生态环境，英国 DEFRA 制定了国内执行的农业环境政策。其主要目的是保护农田生物多样性、保护并改善农田质量、保护自然资源和提高公众对农业环保的认知。英国 DEFRA 委托自然英格兰、环境署按照农业环境政策在英格兰和威尔士地区开展多项环保项目，包括：初级补贴项目、高级补贴项目、针对有机农场的有机补贴项目和针对高原牧场的牧场补贴项目等。这些项目都是以保护生态环境为目的，实施生态补偿，促使农民接受有利于生态环境的农业管理模式和技术。

英国的农业环境保护政策主要是通过开展项目来进行的，这些项目大多数都是以生态补偿的形式开展，促使农民选择最佳耕种模式以达到环境保护的目的。

项目有各自的针对性，但每个项目获得生态补偿的条件都不是单一的，如初级补贴项目，其中包含上百种保护生态环境的措施，参加项目的农民可以根据自身条件和需求选择这些措施，而每种措施都有预设的分数，当农民通过开展某种或某些生态环境保护措施达到其农场平均每公顷 30 分时，英国 DEFRA 将会与其签订协议并按照每年每公顷 30 英镑给予补贴。例如，在农田周边设立用以阻止面源污染的每 100 米缓冲带将会得到 42 分，若某农民拥有 20 公顷土地，他只需要在其土地周边按照初级补贴项目的标准建设 1 500 米的缓冲带，即可获得足够的分数领取补贴，而不需要在其农田周围都建设缓冲带。

各项目中补贴和每项生态环境保护措施分数的标准都十分科学，数据来自分布于英国本土百余处示范点，在各示范点采取各种保护生态环境的措施并与传统耕种模式进行比对，通过计算实施保护生态环境措施的环境效益及带来的减产，共同确认相关措施的补偿计分标准。初级补贴项目向所有的农场开放，只要农场主向英格兰申请基本上都会通过，目前超过 60％的英国农场已经享受了该项目。

而其他项目则不是向所有的农场开放，农场必须满足一定的条件才能申请，因此往往是农场主先向自然英格兰申请初级补贴项目，自然英格兰会派专人对其进行审核并对农场主进行相应的培训，由其自行选择生态保护措施。

同时考察其农场的特征，如果该农场有需要保护的特别之处，如农场位于重要的水源上游或者候鸟迁徙的必要休息区域，自然英格兰的工作人员就会推荐其申请适合该农场的其他补贴项目，推动其签署更高级别的补贴协议，实施更好的环境保护措施以达到更好地保护生态环境的目的。

财政补贴是世界各国推动和发展农业生产的有效政策措施。欧盟和英国自 1957 年签订《罗马条约》以来，始终不断探索调整补贴政策，使之适应地区和本国农业农村经济发展。英国补贴政策覆盖面广、数量少，相关政策边界清晰、协同性强、条款详尽、公开透明、易于掌握。

相比之下，中国近年来不断出台的各项补贴政策，种类繁多，正在执行的补贴就有 26 项之多，如此众多政策规定，管理部门自己或许都很难说清，社会其他方面更加如同雾里看花。加上政策内容也存在交叉问题，造成缺位投入和重复投入并存，影响了政策效应的发挥。借鉴英国政策体系建设经验，建议有关部门从鼓励农业生产、保护生态环境、提高农产品质量和保护农民切身利益等方面，重新梳理有关农业补贴政策，调整归并目标相同、内容相近的补贴政策，整合形成反映时代要求、精确高效的补贴政策体系，做到边界清晰、公开透明，农民记得住。

利用市场或经济机制进行环境管理被认为是目前最有效的环境政策，欧盟各国普遍采用征收肥料税的措施来减少农业活动中化肥的施用量。英国在欧盟共同政策框架内对国内农业大力度地实行补贴和保护政策，主要分两个方面：一是与生产挂钩的补贴，主要有作物、动物、奶业、税收减免，随着共同农业政策改革的推进，与生产挂钩的补贴项目逐步减少；二是与非生产挂钩的补贴，主要包括单一支付计划、农业环境计划、脆弱地区支持计划、动物疾病补偿、粗放式放养补贴、农村发展补贴、休耕补贴等。

根据符合性补贴措施（SMR）的规定，农民要获得政府的直接补贴，需满足：①良好使用城市污泥，DEFRA 专门制订了污泥使用指南，英国每年有 9 600 万吨有机废弃物（粪肥、污泥等）用于农田土壤；②在硝酸盐敏感带内，施肥数量不能超过作物需求，并对肥料使用数量保留至少 5 年的记录。

第八章

典型案例分析

第一节 典型模式案例分析

案例研究一

LEAF 与英国第四大谷物制造商乔丹公司（Jordans）合作已达两年之久。该公司在过去两年中发起了一项新举措，旨在创建一种独特的模式，以围绕 LEAF Marque 标准打造更可持续的农业生产。这项名为"乔丹农场伙伴"的计划正在努力解决农村社区面临的关键问题，该计划还涉及野生动物信托基金和王子乡村基金。所有向乔丹公司供应燕麦的农民都必须按照 LEAF 公司的高环境标准种植，并通过 LEAF Marque 认证。他们已经投入了大量的工作来为野生动物创造和管理栖息地。乔丹农场伙伴计划是一个很好的例子，说明 LEAF 品牌如何为食品品牌提供机会，使其能够建立和展示自己的可持续发展承诺，并为提供更可持续的食品和农业做出更多努力。

案例研究二

作为 LEAF 示范农场之一的 Overbury 公司，其农场经理 Jake Freestone 积极参加了社区活动并收获了一大批听众。Jake 参与社区活动的主要方式之一是组织农场参观。自 2007 年以来，伯明翰的威克霍尔小学每年来此 3 次。Overbury 的 Grasshoppers 苗圃也定期来访，同时 Jake 每年都会为哈特普里学院的学生举办一次参观。更大规模的活动，如农场开放日和 4 月的产羔日，更是吸引了 600～800 人前来参观。每年在 Overbury 举办的农民团体都能让 Jake 分享他的可持续农业实践并向其他人学习。Jake 经常在行业会议和农民团体上发言，这样可以与同行进行更深入的讨论。他还出现在广播和电视上。Jake 的社交媒体专长意味着他可以接触到更多的农业和非农业观众。对于 Overbury 公司来说，公众参与对于科普食品和农业的知识、向同行学习以及使公司继续前进是至关重要的。

案例研究三

肯尼亚制定和实施农场环境政策是 Oserian 发展公司的经营目标和经营理念的一个明确而完整的组成部分。这份简明扼要的文件对阐明公司关于促进生物多样性和优化资源管理的承诺起着至关重要的作用。它总结了 Oserian 公司在水资源管理、能源效率、环境影响和保护、减少废弃物、教育、研究和技术、责任和评价等方面所采用的方法。在企业内部，通过公告栏和定期内部会议广泛地与所有员工分享。农场审计官兼研发主管 Stephen Musyoka 负责这项政策每年的执行和审查，以保证在所有运营中都遵守最高标准，并将商业活动对环境的影响降至最低或完全消除。根据他们的农场环境政策，最近的环境方面成果包括种植树木苗圃和积极的植树计划，改善农场内本地树木和植物的多样性，这些树木和植物现在为鸟类和小型哺乳动物提供了宝贵的食物来源。

案例研究四

E J Barker&Sons 公司栖息地管理通过适当的审计和规划，持续的野生动植物监测和管理获得了丰厚的回报。平整田地，移除别扭的角落，在潮湿的地区和阴凉的海岬停止生产，在农场提供了丰富的栖息地。这些地区的管理主要集中在两个目标物种：灰鹬和大凤头蝾螈。由于这些物种复杂多样的需求，其他生物多样性往往会从其成功的保护中受益。农场的生境管理很简单，但 Patrick 热衷于为优化生物多样性而努力。例如，基于土壤类型和地面条件选择野生鸟类种子混合物以优化产量。野生鸟类混合物，花蜜混合物，草地边缘和物种丰富的草原使鸟类免受恶劣天气和捕食者的侵害。

案例研究五

在过去的 40 年里，G's Cambs 农场采用了集约化农业模式，通过实施一项战略，将土地用于种植能获得最大收益的作物，以减少使用人工肥料和杀虫剂。在高效土地上，收益率能够保持 30 年。5 年前，该农场开始探索种植作物的长期有效方法，设定雄心勃勃的目标以提高产量，减少对人工肥料和杀虫剂的需求，并与当地环境部门更紧密地合作。他们采用统一的方法种植，减少耕作，堆肥，覆盖种植，并专注于改善土壤健康。

案例研究六

自来水公司创新自然资本投资解决方案。西南水务（SWW）上游思维计划，与野生动物信托基金和河流信托基金合作，涉及农民和水务公司之间的联合投资，旨在确保土地的管理方式不会使潜在的污染物流入周围水道。一旦SWW 影响水资源，预先处理污染的成本远低于去除污染的成本。因此，它是通过减少持续维护和推迟大规模资本投资来管理成本的长期可持续方法，还有助于降低客户的成本。Wessex Water 的 EnTrade 计划使用创新的反向拍卖在线平台来确定最佳的支付组合，以鼓励农民种植覆盖作物，以减少普尔港的氮流失。与 SWW 计划一样，它是一种更有效的解决污染问题的方法。

案例研究七

United Utilities（UU）可持续流域管理计划（SCMP）与农场租户合作，并与英国皇家鸟类保护协会（RSPB）、自然英格兰和林业委员会等合作伙伴合作。2005—2015 年，UU 投资超过 2 200 万英镑用于荒地恢复、林地管理、农场基础设施和水道改善，以保护和改善水质和周围的自然环境，同时延迟或减少未来对额外水处理的资本投资需求。自来水公司的业务计划将自然资本方法纳入流域规模。在私人资本的支持下，这些激励措施可能会促使人们在提供更多环境效益方面实现重大创新。

案例研究八

2017 年首次发布英国公用事业绿色债券。Anglian Water 发行绿色债券，筹集 2.5 亿英镑资助项目，为可持续发展战略做出贡献。负责提供泰晤士河Tideway 隧道的公司发布了 2.5 亿英镑的绿色债券，该债券已超额认购 3 倍，显示了市场对可持续投资机会的需求强度。第二个绿色债券发行意味着Tideway 现在是 Sterling 最大的企业绿色债券发行人，总金额为 4.5 亿英镑。

案例研究九

金斯布鲁克和艾尔斯伯里谷将自然置于发展的核心。RSPB 与 Barratt Developments 合作，为自然友好住宅开发设立了新的基准，这是英国首个此类国家协议。在金斯布鲁克，大约有 2 450 个新住宅，新学校和社区设施的设计方式使自然成为建议的核心。大约 60% 的区域将是绿色基础设施，包括 101.174 公顷的无障碍野生开放空间，其中包括果园，蝾螈池塘，绿树成荫的大道，花园里的果树、蝙蝠、猫头鹰和蜜蜂的筑巢箱以及花蜜类植物。

Barratt 期望通过绿色空间的质量来改善其住宅的价值和可销售性，并且有证据表明当地企业也可以通过绿色环境得到提升。对于社区而言，绿色空间可以改善儿童的教育前景和他们与自然的联系，并有助于改善身心健康和福祉。金斯布鲁克项目将在大约 10 年内实施，由 RSPB 科学家开发综合监测计划。

Barratt 与 RSPB 建立了独特的国家合作伙伴关系，将金斯布鲁克的经验教训转化为他们的开发组合，推出了《与自然一起成长指南》，为所有开发项目嵌入了提高生物多样性的方法，并种植了支持更多的高价值植物物种野生动物。

第二节　典型技术案例分析

案例研究一

Chris Baylis 是林肯郡 Sir Richard Sutton 有限公司霍尔农场的一名 LEAF 示范农民。方圆 30 英里都是该公司的耕地，其土壤范围从自由排水的白垩质壤土到低洼重黏土。2011 年，该公司开始试用直接钻井技术，以增加庄园土壤有机质和改善土壤健康。其目的是通过更有针对性地使用营养控制来减少对化学投入的依赖。目前的土壤栽培措施包括深松耕作、条带耕作、少耕和轮作。覆盖作物也被用来避免长时间的土地裸露，并用于保持结构。土壤有机质监测可以通过目视和土壤分析试验进行。虽然到目前为止结果喜忧参半，但相关研究人员吸取了许多教训，该系统现在显示出改善土壤结构和提高土壤有机质的迹象。

案例研究二

Anthony and Lucy Carroll 在诺森伯兰郡的 Tiptoe 农场种植优质的卡罗尔遗产马铃薯。他们利用灌溉防治常见疮痂病，并提高产量。遗产品种需要谨慎管理，因此注重细节至关重要。Tiptoe 农场将综合农场管理与完全理解土壤-水相互作用相结合，从而实现有效灌溉。土壤湿度探测器有助于确定水在土壤剖面中的使用方式和位置，并将这些信息与天气预报相结合，根据作物的需要量身定制灌溉。Tiptoe 农场负责任地使用水，可以持续供应马铃薯，同时保护环境资源。

案例研究三

农业技术催化剂项目的一个例子是 Saturn Bioponics 和 ValeFresco 运营的多通道上成功试用 Pak Choi 的垂直水培生长系统。这使得同一土地面积上作物产量增加了 3～4 倍，投入（水、肥料和杀虫剂）减少，作物质量提高。Saturn Bioponics 因其工作获得了政府生产力奖。

案例研究四

E J Barker & Sons 是一家位于北萨福克的家族式合伙企业。他们展示了如何成功地整合高质量和高产的作物生产和农田生物多样性。他们的工作使得灰鹞、大凤头麦鸡、龟鸠、黄鹀、红雀、云雀、棕色野兔和谷仓猫头鹰等物种蓬勃发展，在农田无利润的"边缘"地区建立了物种丰富的草原，包括野生鸟类、种子混合物以及花粉和花蜜混合物。为了保护鸟类和昆虫，他们管理着30个池塘和43千米的灌木篱笆。

案例研究五

萨默塞特的 Hills to Levels 项目 Somerset Levels 的排水养殖景观为自然过程提供了一个测试案例，当地合作伙伴已经开始工作，以便在大型集水区（2 871 千米^2）内减缓水流。该项目的措施正在努力改善降水对土壤的渗透，通过分流和减弱来拦截径流，减缓河流的流量并减少洪泛平原上的洪水。这有助于保护上游集水区的物业以及萨默塞特地区及其周围的 150 处房产。该项目仅在水衰减功能方面就提供了约 15 000 米^3 的洪水储存。

第三节 流域污染控制

英国位于欧洲西部，由英格兰、苏格兰、威尔士、北爱尔兰等 4 部分组成。由于历史原因，英国除议会和中央政府外，苏格兰、北爱尔兰和威尔士都有自己的议会和政府，拥有较大的自主权。中央政府侧重于英格兰和威尔士地区的管理，这两个地区的法律制度、管理体制基本一致，大多数事务由统一的管理机构管理。

一、英国农业发展与面源污染现状及治理情况

英国政府根据各地特点配置农林牧生产，将全国划分为 4 个农业区。20世纪 40 年代以来，粮食需求的日益增长，推动了英国农业机械化和集约化水平不断提升以及永久草地的开垦，但随之而来的是一系列农业生态环境问题，包括水体污染、农业生物多样性降低等，对英国农业生态系统产生了诸多不利影响。据估算，英国水体中 60% 的硝酸盐污染物和 25% 的含磷物质来自农业活动，且这种污染有滞后效应。对泰晤士河地区的研究表明，考虑到地下渗漏通过地下蓄水层的延迟，流域的面源污染反应时间可以长达数十年。因此，面源污染对于英国饮用水供应也提出了挑战。

经过 20 多年的努力，英国地表和地下水体硝酸盐浓度逐步下降，这与施

肥量持续下降以及包括硝酸盐脆弱区计划在内的一系列环境措施密切相关。1999—2004 年的调查表明，英格兰 66％的地表水采样点硝酸盐浓度表现为下降趋势，77％的地下水采样点硝酸盐含量达到良好状态（低于 30 毫克/升）。此外，与 1990 年 43％的河水采样点达到良好水质相比，2004 年 62％的英国河流采样点水质达到了良好状态。

二、英国农业面源污染的主要防控技术

英国针对面源污染的防控技术措施见表 8-1，主要归纳为两大类型。

表 8-1　英国面源污染防控措施

管理对象	主要技术措施
土地利用方式	退耕还牧
	退耕还草
	永久性退耕和永久性牧场发展冬闲田绿肥
土壤	保护性耕作制度
	秸秆还田
	维持和提高土壤有机质含量
	增施有机肥
	沿等高线种植
禽畜	减少牧场载畜率和畜禽野外放养时间
	草地定期轮牧
	调整进食结构（减少氮磷摄入量）
	饲喂专用饲料，分组、分生长阶段喂食
	增加清理畜禽棚舍粪尿次数
	定期清理旧秸秆、添加新秸秆
	安装机械通风设备
化肥	耕地施肥推荐系统
	化肥、有机肥配施
	高磷土壤不施磷肥
	高环境风险地区不施化肥
	避免高风险时期施用化肥（对于草场和作物，分别在 9 月 15 日到次年 1 月 15 日和 9 月 1 日到次年 1 月 1 日不能使用化学合成肥料等）
	利用替代性肥料或施用添加剂（硝化抑制剂和脲酶抑制剂）

（续）

管理对象	主要技术措施
有机肥	固体有机肥堆肥处理、干湿分离，将液态粪尿转化为固体有机肥
	焚烧畜禽垃圾
	有机肥翻入土壤，与土充分混合
	分批次存储液态粪尿和固体有机肥
	远离河道和田间排水沟堆放固体有机肥
	将有机肥输送到附近农田施用
	提升养殖场粪尿存储能力，减少污水产生量
	在混凝土地面堆放固体有机肥便于收集污水
	禁止在高环境风险地区或时期施用有机肥
农田基础设施	畜禽养殖场与河流隔开
	为畜禽建便桥过河
	人工湿地技术
	重新选址，远离高风险地区，划分和确立农业生产新边界
	建立缓冲区（如河流植被缓冲带）

（一）对污染源的源头控制

从农业土地利用方式、禽畜以及农用化学品投入（化肥）的管理出发，将面源污染物的排放控制在最低限度，如将耕地转变为永久性不放牧或少量载畜率的牧场，以实现肥料的零投入或少投入。在畜禽管理方面，通过减少畜禽养殖场的载畜率、草场定期轮牧、调整畜禽进食结构（减少氮磷摄入量）等措施，减少残余饲料和畜禽粪便量对环境的污染。在化肥管理方面，利用耕地施肥推荐系统开展合理施肥、利用替代性肥料或施用添加剂（硝化抑制剂和脲酶抑制剂）、高环境风险时期不施化肥等减少由肥料带来的面源污染。据估计，英国常规 1、2 级土壤会造成每年每公顷 50 千克氮的淋洗，而对于灌溉良好的高肥力土壤，甚至超过 100 千克。对于硝酸盐敏感区（Nitrate Vulnerable Zone，NVZ，英国国土面积的 70% 都属于硝酸盐敏感区），施肥数量不能超过作物需求，并对肥料使用数量保留至少 5 年的记录。农民氮肥的使用要遵守：①特定作物最高氮肥使用量；②每年任何田地有机肥氮供应量不能超过 250 千克/公顷；③氮肥使用时间的规定。

具体操作过程中，专门制订了管理手册，指导农民将农场按照颜色划分为红色、白色、橘黄色、黄色和绿色区域，分别表示不能使用、限制使用以及可以使用畜禽粪便等区域。

（二）对污染物扩散途径的控制

从土壤、有机肥、农田基本建设三个维度，实现改变或阻断污染物的传播途径，减少污染物进入水体的数量。在土壤管理方面，在冬季不种作物的耕地上在秋季种植填闲作物，采用少耕、免耕、地表微地形改造技术等综合配套措施形成保护性耕作制度。在有机肥管理方面，采取提升养殖场粪尿存储能力、减少养殖场污水产生量、将液态粪尿转化为固体有机肥、远离河道和田间排水沟堆放固体有机肥等措施，尽量减少污染物进入肥料储存地的清洁水中，将有机肥循环使用且深翻入土壤，与土壤充分混合，实现有机肥的资源化、减量化、有效处理等。

在农田基础设施管理方面，主要技术手段有将畜禽养殖场与河流隔开、重新选址远离高风险地区。英国规定，距离地表水 10 米以上，距离水井、泉和坑 50 米以上，才能使用有机肥，距离地表水 2 米内不能使用化学合成肥料。划分和确立农业生产新边界等措施，减少进入水环境的扩散污染物质。建立人工湿地以截留和处理来自道路、院落的污水，采用生物过滤、缓冲区等末端污水处理方式以减少废水中细菌的含量。英国 DEFRA 请专门机构开发了高效和环保养分使用软件，该软件实际上是基于英国农业和园艺作物推荐施肥系统开发的。

三、英国涉水管理体制和机构

（一）水资源管理体制

英国水资源管理主要经历了两个阶段。英国的水资源采取地方分散式管理，1973 年《水法》颁布后，开始实行流域统一管理。1989 年《水法》修订后，水务国有化管理向私营化服务转变。目前，基本形成了中央对水资源按流域统一管理和水务私有化相结合的管理体制，主要有 3 个特点：一是由国家层面的管理、监督机构统一制定并组织实施水资源管理的法律、规章、制度、政策等；二是以流域为基本单元建立主管机构监督水资源管理政策的实施；三是供水、排水、污水处理等水资源管理的具体事务由私营水务公司承担。

（二）水资源管理机构及具体职责

英国没有专门的水资源管理部门，相关涉水职责分散在不同部门，除了政府部门，也包括非政府部门的公共机构。

1. 环境、食品与农村事务部 （Department for Environment，Food and Rural Affairs，DEFRA）

DEFRA 是英国中央政府组成部门，主要职能是统一管理环境、农村事务和食品生产，重点负责制定环境、食品管理等方面的方针和政策。在涉水事务方面，主要从宏观上进行管理，具体有 2 个方面：一是负责制定国内相关政策法律，并在提交议会通过后负责实施；二是对水务监督管理机构进行宏观管理，负责制定监督管理机构的改革计划，并且对改革效果进行评估，适时调整改革方案。

2. 环境署（Environment Agency，EA）

环境署（英格兰和威尔士）属于非政府部门的公共机构，由 DEFRA 领导（在威尔士境内还需要对威尔士政府负责），主要职责是保护、改善环境并促进可持续发展。在涉水事务方面，环境署是英格兰和威尔士执行国内水资源管理政策的权威机构，主要职能包括：制定防洪政策；负责取水管理，监测河湖水量，审批发放取水许可证；负责监管排污、控制污染源，监测河湖水质，审批发放排污许可证；负责水环境保护，控制水域开发；负责制定水资源发展战略，组织编制各流域的管理规划，并监督规划落实；指导和监督水务公司的工作等。环境署下设 8 个区域办公室（regional office），分别负责各自管辖区域内相关政策的执行落实；每个区域办公室之下又设有 2～3 个片区办公室（area office），总计 20 个。片区办公室是环境署的最基层机构，承担片区范围内环境署的具体业务，直接与片区内的社团、民众接触和沟通。

3. 水务局（Water Services Regulation Authority）

水务局是非部长级的政府部门，直接向英国议会和威尔士议会政府负责，主要职责是代表政府对水价进行宏观调控，以保证水务公司以合理的价格为用户提供优质高效的供水及排污服务。具体职能包括：确定水务公司水价的定价原则，颁布水价费率标准；每 5 年一次对水价进行评估，对下一个 5 年期间的水价上限进行调整；审查水务公司的财务及投资状况；监管、评估水务公司的服务状况并定期公布评估结果等。

4. 饮用水监督局（Drinking Water Inspectorate，DWI）

饮用水监督局成立于 1990 年，最初为英国政府环境主管部门的下属机构，由政府直接拨款，2003 年英国《水法》修订后，脱离 DEFRA 成为独立机构。饮用水监督局的职责是保护英格兰和威尔士的公共用水特别是饮用水安全，主要工作包括：代表政府制定饮用水的水质标准；监督、检测水务公司供应饮用水的数量和质量；处理消费者投诉，调查与水质相关的事故，对相关责任公司或责任人进行处罚等。

5. 水务公司（Water and Sewage Company）

英格兰和威尔士的水务公司为纯企业性质的私营公司，是政府管理和保护水环境方面的主要合作伙伴，主要负责向居民生活、工业生产、农业灌溉等用户提供供水、排水和污水处理服务。水务公司在获得政府取水、污水排放许可证的基础上，在政府分配的水权和指定的服务区域内，自主经营、自负盈亏。

英格兰和威尔士地区目前共有 25 个水务公司，其中包括 10 个大型水务公司，管理服务区域基本按照流域划分，统一负责服务区域内的供水、排水和污水处理；其余 15 个小型水务公司仅负责供水，服务区域也相对较小。

6. 流域区联络委员会（River Basin District Liaison Panel）

英国根据其水文地理条件将全国划分为 15 个流域区（river basin district，RBD），其中英格兰和威尔士划分了 11 个流域区。每个流域区均设立一个联络委员会，由来自政府、行业、环境组织以及其他利益相关团体的代表组成，具有广泛的代表性，特别是当一个流域区跨不同区域时，不同区域在该联络委员会中具有同等的代表。委员会主要负责对流域管理规划的内容、措施及合作机制等进行讨论和协商，对规划制定过程的合规性进行检查，并对规划实施效果进行跟踪监督。

四、英国流域涉水管理政策

英国流域涉水管理政策涵盖了水资源管理、水环境保护、流域综合规划、协商和利益相关者参与等方面。

（一）水资源管理政策

1. 取水许可

英国取水许可由环境署负责实施。英国 2003 年《水法》规定，日取水量大于 20 米^3 均需进行取水许可申请并经审批同意后才能取水。取水许可申请及审批的内容包括取水水源、取水用途、最大取水量以及计量措施等，2001 年之前审批通过的取水许可都没有规定有效期限，被认为是无限期的；2001 年之后审批通过的取水许可均规定了有效期限，一般为 12 年。目前，已经批准生效的取水许可证总计有 2.2 万多个，其中约 20% 是 2001 年之后批准的；批准的日取水许可总量为 1.2 亿米^3，实际取水量仅为许可取水量的一半。环境署有权对取水许可实施情况进行检查和处罚。

英国实施取水许可过程遵循以下原则：一是环境用水优先，取水后剩余河川径流量必须大于生态基流量，否则不予批准取水或削减取水许可量，以保证河流生态系统不受损害。二是先到先得原则，对超过生态基流的流量，根据用水户提出取水许可申请的时间顺序依次进行审批，直至将可以利用的水量分配完毕后，不再审批新的取水许可申请；当河川径流不能满足已经批准的全部取水许可的用水需求时，首先限制后取得许可的用水需求。三是水务公司需求优先，在先到先得原则基础上，尽量先满足水务公司的用水需求。

2. 水价

环境署对取水许可的水资源进行收费，主要用于弥补环境署的办公费用及改善环境的费用支出。费用征收标准与用水季节、输水损失率、水源类型等因素有关，不同情形征收标准相差很大。

水务公司综合考虑供水成本、收益、供需平衡、环境要求等方面因素来制定向居民供水的价格，水务公司向环境署申请取水许可同样需要缴费，这部分费用也纳入水务公司的供水成本。水务公司的供水价格主要采用按量计价和按财产计价两种计价方式。计量水费的主要构成是按年计算的基费和按用水量计算的容量费以及环境服务费，基费主要包括供水基费和排水基费等；按财产计价方式通常按住房类别计价收费，以不同的居住地位置分为最高、一般和最低3个等级，水费构成主要包括供水费、排水费和环境服务费。

（二）水环境保护政策

在水环境保护方面，英国执行欧盟《城市污水治理指令》《洗澡水指令》《硝酸盐指令》《地下水指令》《淡水鱼类和贝类指令》等一系列相关法律的规定，实行严格的水污染防治与水环境保护政策，如控制农业生产中的氮肥施用量、限制清洁剂中的磷酸盐含量等。尤其2000年《水框架指令》生效后，英国水环境保护进入更加全面、综合的阶段。目前，要达到的关键性目标包括两个：防止水资源状况恶化，水体2015年实现"良好"标准。"良好"状态由化学、生物、可饮用性等一整套指标评估。对水质主要从生态状态及化学状态两方面进行评价。其中生态状态包括物理化学、生命元素、特定污染物、水形态等4个指标，各指标分优、良、中、差、坏5个等级；化学状态主要评价能够造成水环境重大危险的首要物质浓度，分良好与较差两个级别。实施最严格的水质评价与控制体系，只有所有指标均达标后，水体质量才算达标。如2009年评价的地表水体中，78%的水体化学状态评价为良，27%的水体生态状况评价为良，最终总的评价结果是只有27%的水体达标。

（三）制定并实施流域管理规划（river basin management plan，RBMP）

英国是最早注重流域管理的国家之一，在实施流域规划、水资源综合管理等方面积累了许多成功经验。目前，DEFRA与威尔士政府共同制定RBMP的规划指南，环境署对制定RBMP承担总体责任，《水框架指令》要求制定落实着眼于整个水循环的6年期的流域管理规划。为实现此目标，环境署通常需与公共、私人和志愿组织机构建立伙伴关系。自2009年起，各流域区每6年制定一次流域管理规划，涉及流域区内地下水、湿地、河流、湖泊、河口及海岸水域等所有自然水体，规定了各水体的2015年目标及实施方案等。

规划要满足规划指南的各项要求，规划中的政策、目标和措施必须一致，与相邻流域区的规划、本流域区内应用的区域空间规划和战略相一致，符合国务卿或议会关于规划的各项指令。要在不同阶段、不同范围内公开征求意见和协商，确保其他公共机构和利益相关者关注或支持规划实施。制定流域规划遵循 10 条原则：①集成、简化计划和进程；②制定清晰、透明和易理解的流程和决策；③集中在流域区层面实施；④与其他公共机构共同合作；⑤鼓励利益相关者积极参与；⑥使用可替代目标实现可持续发展；⑦使用更好的监管原则，考虑合理措施和机制的全方位成本效益；⑧公平公正分析社会各界和行业各部门所采取措施的成本和效益；⑨在不确定性管理中努力做到公正和透明；⑩当可获得更多信息时，进一步发展方法学和细化分析。

英国法律规定，在制定经济社会发展或产业布局规划阶段，必须邀请环境署参加，以保证该规划符合水资源战略规定。

（四）协商机制与利益相关者参与政策

环境署与水务公司之间建立协商机制，协调上、下游取水分配。用水紧张时，环境署会建议水务公司提高水价以压缩不合理用水需求。通常通过非行政措施促使国家、流域区、流域、社区等 4 个不同层次的利益相关者主动参与，其中广泛实施的措施包括：由全国能效俱乐部提供资金支持，环境署提供技术支持和培训，帮助工商业企业提高效率、减少能耗、降低污染治理成本等，最终达到降低成本、增加收益的目的；由水务公司制定"良好作业规范"，引导农民合理施肥以减轻污染，若因此影响了农民收入，则对其实施生态补偿，补偿的资金来源主要包括欧盟、水务公司及其他环境受益者。在水资源保护区，仅依靠引导农民、企业等主动参与的方式可能难以达到水质目标，需要采取相应的行政强制措施。

五、英国典型流域管理实践

塞文河流域和迪河流域是英格兰和威尔士 11 个流域区中的两个，两个流域区相邻且均位于英格兰和威尔士交界地带。

（一）塞文河流域区（Severn River District）管理

塞文河流域区由塞文河、东南威尔士河等几个流域组成，总面积 21 590 千米^2。塞文河是英国最长的河流，全长 354 千米，流域面积 11 420 千米^2，绝大部分位于英格兰境内，属于环境署米德兰兹（Midlands）区域办公室的管辖范围，流域面积中 80％为农田、林地，塞文河水量主要用于提供约 600 万人的公共用水及农业灌溉。

塞文河流域突出的问题是水污染。流域管理的特点表现在对污染源的防治上。历史上塞文河的主要污染源是洗羊的消毒水及重工业企业排放的污水。后来通过采取有效措施，取得了较好的效果，包括：

（1）制定明确法律。明确禁止消毒水中添加某种污染性极强的物质；实施排污许可，限制工业企业的污水排放量等。

（2）广泛建立与利益相关组织机构之间的联系。环境署与米德兰兹地区的企业联合会合作，定期开展培训，主动深入企业推广或实地演示节能、治污、减排的技术方法等；与消毒水生产商合作，要求其降低消毒水中的毒性等。

（3）制定严格惩罚措施。环境署对偷排污水、乱放垃圾的行为给予严厉处罚，组织了专门的巡查队伍，一旦发现将处以罚款甚至起诉。

（4）充分利用经济杠杆。对享受到环境改善效益的群体征收一定的费用，用于改善环境的支出，例如对在河道、湖泊中钓鱼的行为收费，仅此一项，环境署米德兰兹区域办公室管辖范围内一年的收费达 100 万英镑；对由于保护环境而受损失的民众给予补助，例如环境署要求农民在使用消毒水时保持一定的克制，为此出台了一些补偿和激励措施。

（二）迪河流域区（Dee River District）管理

迪河流域区地跨威尔士东北部及英格兰柴郡、什罗普郡以及威勒尔，面积 2 251 千米^2，属环境署威尔士（Wales）区域办公室管辖范围。流域区人口 50 多万人。迪河流域上、下游主要是密集的农业和林业，中游地区自 18 世纪起发展成为以化工业和制造业为主的工业区，欧洲最大的两个工业企业就在迪河沿岸。迪河流域的主要问题是水资源分配，除本流域人口外，迪河还为相邻的英格兰西北流域区约 250 万人提供饮用水。20 世纪 60 年代，在迪河流域上游建成 Llyn Tegid、Celyn 以及 Brenig 等水库。与英国大多数河流枯水期主要通过地下水源补给供水不同，迪河主要依靠水库进行径流调配，每年 4—9 月干旱季节，上游水库放水弥补天然径流量的不足，以供应沿河两岸尤其是下游地区的居民生活及工农业生产，迪河因此被称为可调节的河流（the river with regulation）。

迪河流域管理强调综合治理和利益相关方合作。管理体制的特色是主体分工明确，合作机制良好。在管理体系中有 3 个关键角色：环境署、水务公司、水质分析专业实验室。环境署主要负责水库调度、污染原因调查、采取执法诉讼行动等；水务公司负责水库维护，从河道取水、供水和水污染处理，提供专业的分析实验设备，在污染事件监测中提供援助；专业实验室受环境署委托，对河流水质进行监测、化验，监测结果向环境署及水务公司报告。除了明确的职责分工外，环境署、水务公司、水质分析专业实验室在水质监测、信息共享等方面还建立了良好的水质保护合作机制。

六、英国农业面源污染防控的政策法规体系

根据政府干预程度的强弱，包括面源污染防控在内的农业环境政策分为：①命令控制型，如行政许可、排放标准、限期治理等；②市场经济刺激型，包括可交易的排污许可证制度、环境税费、生态补偿等；③综合发展型，如政府支持、信息公开、公众参与等（表 8-2）。

表 8-2　英国面源污染相关的农业环境保护政策

政策形式	年份	主要计划	主要内容	政策目标或效益
命令	1986	环境敏感区计划	确定 43 个环境敏感区，覆盖 14% 的英国农业用地与环境敏感区（干草草地、湿润草地、低洼地、丘陵地及沼泽地）农户签订合同，通过补偿方式改变不利环境的农业措施	增强和扩大自然保育价值，防止损失；保护野生动物、生态景观和乡村遗迹；改善水质；提升休闲娱乐功能；增加农村就业机会
控制型	1991	乡村管理计划	英国第一个国家农业环境计划，主要保护环境敏感区以外的低洼地、石灰岩草地等栖息地或景观	提高和改善野生动物栖息地，提升生态景观和乡村休闲娱乐功能，保护乡村遗迹
	1991	硝酸盐敏感区计划、硝酸盐脆弱区计划	在欧盟指令（1991/1976）指导下英国全境划定了 32 个硝酸盐敏感区和 68 个硝酸盐脆弱区，要求农民减少流入河流的肥料硝酸盐含量	降低用水中硝酸盐含量及减轻水体富营养化，保障人类健康，保护动物栖息地和乡村景观
	1994	有机食品计划	与农民签订 5 年期协议合同，将常规农业转变为有机农业，以转变农田管理措施	减少农用化学品（农药和化肥）投入，生产更健康的食品
	1994	栖息地计划	通过转变耕地为非耕地扩大野生动物栖息地面积	保护野生动物栖息地和生态景观，改善水质扩大野生动物栖息地面积，保护野生动物栖息地
	1994	乡村小路计划	在有美丽景观、野生动物栖息地、乡村遗迹的地方开辟小路	保护生态景观和乡村遗迹，改善水质，增加乡村小路数量以提升乡村休闲娱乐功能
	1998	耕地管理计划	与农民签订 5 年期协议合同，限制英格兰和威尔士地区沼泽地放牧以及苏格兰地区帚石楠沼泽地改造成农田	保护野生动物及其栖息地，保护乡村景观和乡村遗迹
			对剑桥郡和西米德兰兹郡的农民提供补偿	减少除草剂使用，推广冬季作物留茬和耕地休闲，保护野生动物，减少农田径流

（续）

政策形式	年份	主要计划	主要内容	政策目标或效益
控制型	2000	水框架指令	水用户对享受的水服务全额支付费用，对水资源管理进行经济分析，在决策中评估费用和效益	利用价格和经济手段，鼓励高效率用水，改善和提高水质（河流、湖泊、地下水等）
	2010—2015	政府水质政策	通过流域管理、减少农业污染、控制城市污染等措施实现更好的水质	保障与良好水质有关的就业和商业
市场型		政府补贴	与生产挂钩的补贴	为野生动物提供更好的自然栖息地以促进农业生产
			非与生产挂钩的补贴	激励农业生产者的环境治理行为（如实行有利于环境的生产方式和技术）

英国于 1973 年加入欧盟，其农业环境政策以欧盟的共同农业政策为基础。欧盟共同农业政策从 20 世纪 60 年代至今，经历了三大阶段，其主要政策目标由鼓励农业生产转变为控制生产。

进入 21 世纪后，欧盟国家日益强调农业的多功能性和可持续性，目标进而上升为农业的可持续发展，相继制定和实施了《水体硝酸盐指令》以及《水框架指令》等降低面源污染、改善水质的法规。英国政府同时制订了繁荣农业经济与环境保护结合的农业政策。根据改革后的共同农业政策，对英国农业的支持包括基本补贴计划和农村发展计划，并从 2015 年开始，基本补贴计划取代单一补贴计划。

虽然基本补贴计划增加了更多的农业生产性补贴，但要获得该项补贴，政府也要求农业生产有一定的作物多样性（比如耕地 10～30 公顷的农户，耕种至少 2 种作物，每种作物不能超过 75％的面积），确定生态保护区域（耕地＞15 公顷的农户，必须有生态保护区域）以及保持永久性草地等三类生态保护措施。欧盟以及英国政府对于农业的要求，逐渐从过去的单一生产功能向生态服务功能转换。欧盟农民只有符合相关要求，才能得到农村发展计划补贴。

2014 年，DEFRA 根据英国情况，完善了新共同农业政策框架下英国的农村发展计划（2014—2020），并得到欧盟委员会的批准。根据最新的农村发展计划，英国到 2020 年投资 35 亿英镑，实施乡村管理项目（减量施肥、气候变化、景观生态等）等在内的各类环保性政策。

环境管理过程中，鼓励公众参与是常用的方法。英国在欧盟《奥尔胡斯协定》和《关于公众获得环境信息的指导方针》两份文件指导下，明确了公众参与的机制，通过参与咨询、评议政府政策等调动了公众的积极性。针对硝酸盐指令的实施，DEFRA 在 2012 年开展了包括农民、水体管理者等在内的公众咨询，咨询其对该指令实施的农业活动相关规定的意见。

第四节　肥料使用

英国农业是以畜牧业为主体，种植业和渔业相配合的混合型农业。农业产值占国民经济总产值的 2% 左右，农业人口占总人口的 2%。2007 年，中国农业部组织了考察团，对英国肥料管理、生产、施用及肥料科研、推广情况进行了考察。

一、肥料生产和施用

（一）肥料生产

英国农业更注重环境保护、农产品质量安全和能源节约。全国只有一家大型肥料生产企业，产品主要有硝酸铵和以它为原料生产的复混肥料，年产量 200 万吨左右。为了节约能源，英国没有尿素生产企业。英国的肥料基本不出口，1/3 的用肥依赖进口，但全国只有一家从事化肥进口业务的公司，年进口量 140 万吨左右（实物量），氮肥产品包括硝酸铵和少量的尿素，磷肥产品全部靠进口。此外，英国还有 80 家小企业从事复混肥等其他肥料的生产、加工和销售等业务。

（二）肥料施用

英国有耕地 1 150 万公顷，其中牧场 570 万公顷。主要种植作物有冬小麦、冬大麦、马铃薯、油菜和甜菜，每年 1 季，肥料平均用量约 240 千克/公顷。由于英国政府和民间日益重视环境保护和农产品安全，肥料用量在逐年下降，2006 年仅 430 万吨左右（纯量，下同），其中氮肥 100.3 万吨（80% 是硝酸铵），磷肥 23.5 万吨，钾肥 32.5 万吨，与 10 年前相比减少了近 30%。

为指导农民合理施肥，DEFRA 出版了《推荐施肥手册》，农民可购买也可从官网免费下载。英国政府要求每个农户要有一本《推荐施肥手册》或同类书籍。在普通耕作区，政府不强制农民按手册上的推荐施肥量施肥，但在氮肥风险区则要求必须按推荐施肥量施肥，而且对施肥时期和有机肥的最大用量提出了严格的要求。所谓氮肥风险区是英国政府在欧盟肥料条约的框架下，为保护环境，防止过量施肥造成地下水中硝酸盐超标而划定的区域。目前，英国政府已将全国 52% 的耕地划为氮肥风险区，2008 年覆盖 70% 以上的耕地，2010 年达到 100%。

二、英国肥料政策与管理

英国的肥料政策除了遵循欧盟的有关肥料法规外，还制定了本国的《肥料条例》。欧盟肥料法规的管理范围只包括了无机肥料，而英国的《肥料条例》将有机肥料、园艺用肥、农用石灰等也纳入管理范围。英国的肥料管理不设登记或许可制度，但国内外任何肥料产品想进入欧盟市场，必须向欧盟的肥料管理委员会提出申请。委员会对申请主体没有任何限制，主要在技术、标准等方面进行严格审查，其中包括必要的田间验证试验，这个过程需要几个月甚至几年的时间。但在获得欧盟的许可后，肥料产品就可以在欧盟的所有国家生产和销售。英国政府主要是通过肥料标识对肥料实施管理，标识上所标注的养分必须达到相应的标准要求，并与所包装产品的真实含量一致。质量监控等标准由DEFRA统一制订和宣传，具体监管工作由地方政府的贸易官员来执行。

三、英国肥料科研与技术推广

（一）肥料科研

英国在肥料施用方面开展了长期而大量的研究工作。英国单位面积产量高于同期欧洲单产水平，肥料施用量的减少主要得益于科学施肥。

沃里克大学园艺所在与肥料有关的土壤质量、环境问题、有机肥料以及高效利用养分的作物品种选育等方面做了大量而深入的研究，尤其是在肥料利用模拟模型的构建方面开展了卓有成效的工作。20世纪70年代就开展了氮肥利用模拟的研究工作，90年代又开展了磷肥、钾肥利用的模拟研究。2002年园艺所组织英国、法国、德国、意大利、西班牙、荷兰6个国家的科研人员开始养分综合利用模拟的合作研究，共投入科研经费2 300万英镑。经过6年的时间，构建了较好的肥料综合利用模拟模型，初步形成了在不同生态区、不同土壤类型上的施肥方案。此外，他们根据作物根系吸收磷肥的特性，将磷肥定点施在作物根系吸收区，在减少磷肥用量50%的情况下，保证作物不减产，大大提高了磷肥的利用率。

英国在开展肥料科研时能够针对实践中出现的问题，及时调整研究内容和方法。他们立足长远、具有长效性的工作理念和制度设置，以及扎实、细致的工作作风和大规模的资金投入，为解决实际问题打下了坚实的基础。英国洛桑试验站的肥料长期定位试验开始于1843年。该站的科研人员不断探索改进试验方法，为政府制订政策法规和指导农民科学施肥提供了大量的第一手资料和依据。例如氮肥综合预算研究，提出不同作物的施氮适宜时期，并且在做氮肥施肥预算时不仅要考虑土壤氮素水平，而且还要考虑其他的氮源，如大气沉降、降水、灌溉水、有机肥、土壤的矿化及作物残体中的氮素。

新型肥料研发也是肥料科研的重要内容。当前，英国除传统有机肥、单一的肥料外，围绕精准施肥的理念，致力于新型产品的研发和创新运用上，更多地在农业生产中使用新型液体肥料、冲施肥、水溶肥、生物菌肥。通过特种肥料、土壤修复、微生物菌剂研究、新型化学材料等的研发与应用稳定与提升农业生产。英国涉农企业，通过新型特种肥料的研发、设计、生产、销售，为现代农业提供绿色环保、精准作物营养方案。例如，碳聚合 Y-聚谷氨酸（Y-PGA）是一种纯生物发酵天然活性物质，由多个谷氨酸聚合在一起形成的聚合物，这种聚合物呈现三维立体结构，这种新型高分子聚合生物材料具有超强的抗逆抗病能力，保水保肥能力更是突出，对酸碱有绝佳缓冲能力，能吸附有毒重金属。将碳聚合 Y-聚谷氨酸运用在新型肥料上，极大促进了作物营养调节、土壤酸碱平衡，解磷解钾，保水保土，节能环保，实现肥料高效利用、作物提质增产的效果。

（二）肥料技术推广

第二次世界大战后，英国缺粮，政府把近 80％的土地用于农业生产。为有效地指导农业生产，建立了全国农业咨询局，后改组为英国农渔食品部农业发展咨询局，向农民和农场主提供农业生产、科学技术和农业教育方面的免费咨询。在地方则按郡和城镇设置咨询推广机构。但撒切尔夫人担任英国首相期间，提出农民从事农业属于商业活动，向他们提供技术咨询应该收费，为此，将英国的农业技术推广机构全部私有化。近年来，私人肥料技术推广机构发展很快，主要通过收取会费或服务费来维持正常的运转。DEFRA 只是作为倡导者，负责组织制定施肥指导资料，建立肥料安全网络，开展农户调查，支持肥料行业协会起草技术标准，举办技术培训提高推广人员的服务水平。

英国《推荐施肥手册》在推荐施肥时考虑了降水、前茬作物、施用有机肥等多项因素，并根据农业生产的发展和科技进步不断修订。因此，更具有指导意义，指导效果也更加明显，农民也更愿意接受。《推荐施肥手册》指导农民对冬小麦施氮肥时，不提倡在秋季或冬季将氮肥作底肥，而在作物需肥期前施氮肥，防止冬季降水造成氮素淋失，这样可大大提高氮肥利用率。目前，英国春季施用氮肥的利用率高达 63％，科学施肥使得英国肥料用量下降。

第九章

未 来 展 望

一、可持续使用和管理耕地

（1）英国将遵循"环境净收益"原则，包括住房和基础设施。

（2）改进土地管理的方式，包括设计和提供新的环境土地管理系统。

（3）改善土壤健康，恢复和保护泥炭地，包括制定土壤健康指数并终止在园艺中使用泥炭。扩大林地覆盖范围，确保现有林地得到更好的管理，以最大限度地发挥其提供的效益。

（4）采取行动降低洪水和海岸侵蚀造成的危害，包括更多地使用天然洪水管理解决方案。

（5）英国脱欧后，可以改变管理土地的方法，以便在未来保护和增强环境效益。

（6）新方法需要平衡激励和法规对决策的影响，以支持经济有效、可持续增长的土地使用方式。

二、提高资源利用效率

英国将确保更有效地使用资源并长期使用，以最大限度地减少浪费，并通过促进再利用、再制造和回收利用来减少对环境的影响。

处理废物和污染使企业和住户每年损失数百万英镑，并对环境和野生生物造成重大损害。而污染是一种遍布于大气、水、陆地和海洋等所有环境的废物。在接下来的25年里，英国必须大幅削减各种形式的污染，减轻对环境的压力，并确保有效管理噪声和光污染。到2042年底，英国政府将努力消除所有可避免的废弃物以及所有可避免的塑料废物；通过清洁空气战略减少空气污染，减少化学品的影响。

三、增强农田生态景观

英国将建立一个自然恢复网络，以保护和恢复野生动植物，并提供重新引入农村失去的物种的机会。

通过回顾21世纪的国家公园和杰出自然风光区域（Area of Outstanding

Natural Beauty，AONB）来保护和增强自然美景，通过更可持续地使用水资源来尊重自然。

乡村和风景对人们意义重大，2015 年接受调查的成年人中有将近 60％的人说这些是他们最为英国感到自豪的原因。

2016 年对公共森林地产进行了 2.26 亿次游览，而每年游览国家公园及周边地区的估计有 9 500 万人花费超过 40 亿英镑，并创造 68 000 个就业机会。英国的目标是确保英国的政策能够平衡不断增长的、充满活力的社会需求和获得绿色空间的能力。

从 1951 年峰区（Peak District）第一个国家公园的确认，到 2010 年英格兰最年轻的国家公园，创造了指定的景观，其中还包括杰出自然风光区域，是过去 100 年在环境领域的杰出成就。它们是由令人惊叹的、受保护的景观拼凑而成。

在英格兰，1/4 的景观以这种方式指定，约 10％为国家公园，15％为杰出自然风光区域。英国将确保它们继续得到保护和增强，同时认识到它们是生活景观，并支持农村社区。

作为规划部门，国家公园可以塑造发展促进其社会，经济和环境改善的方式。虽然国家公园或杰出自然风光区域不禁止开发，但只有在特殊情况下才能进行重大开发。

受保护的地点（包括英国的国家自然保护区、特殊保护区和特殊科学地点）保护了英国许多野生动物栖息地，但也需要考虑更广泛的环境。关于英国陆地，淡水和沿海栖息地的物种和生态群落的广泛数据显示，过去 50 年来，在很大程度上受到历史土地利用变化和污染的影响。

为了帮助下一代保持更好的环境，英国需要恢复和创造湿地、林地、草地和沿海栖息地，为野生动物的繁荣和促进更广泛的经济和社会活动提供大量的机会。这将有助于英国改善受威胁物种的整体状况，如母鸡鹬和鸸，并将有助于防止灭绝，并为重新引入海狸等物种提供机会。英国将优先考虑在全球或英国受到威胁的物种，或具有国际重要性的物种。

英国还将改善衰落物种群体的整体状况，如蝴蝶和其他传粉昆虫、鸟类、蝙蝠和野花。

世界各地都感受到了自然的压力。英国的行动有助于根据联合国可持续发展目标开展重大的全球努力，该目标要求英国"恢复陆地生态系统的可持续利用，制止和扭转土地退化，并制止生物多样性丧失"。

四、创造人与自然的和谐

英国公共卫生部（Public Health England，PHE）通过使用绿色空间，包括通过心理健康服务，帮助人们改善健康和福祉。

（1）鼓励儿童在校内外接近自然，特别要注重弱势地区。

（2）通过建立绿色基础设施和种植 100 万棵城市树木来"绿化"英国的城镇。

（3）开展环境行动，帮助来自不同背景的儿童和年轻人参与自然、改善环境。

（4）作为居民或游客花时间在自然环境中可以改善人的心理健康，提升幸福感。它不仅可以减轻压力、疲劳、焦虑和抑郁，还能帮助增强免疫系统，促进身体活动，并可以降低哮喘等慢性疾病的风险。同时让人消除孤单感，并将社区联系在一起。

（5）开展广泛的活动，以帮助人们体验这些好处。许多户外运动和休闲组织、绿色空间管理者、环保组织和学校鼓励人们参与绿色空间活动。

（6）鼓励孩子们探索自然，进行户外活动。新的科学和地理课程和资格证书鼓励学生进行实地考察，作为其课程的一部分。

（7）农村和城市地区的农场都有小学生群体，帮助他们增加对环境和食物来源的了解。

（8）卫生专业人员采用一种称为"绿色处方"的做法，使用基于自然的干预措施来治疗有健康问题的人。干预措施包括园艺、护理农场和绿色健身房等。

（9）每个县都有无障碍的自然空间，大部分是免费进入的，还有公共网络。

英国开放自然世界最雄心勃勃的方式之一是修建英格兰海岸道路。为远足者、步行者和慢跑者前往海滩、沙丘和悬崖提供便利，距离为 4 345 千米。

但是，还有更多工作要做。在自然空间中花费很少或没有时间的人数太多。"自然环境参与监测"调查的最新数据显示，每年约有 12% 的儿童没有参与自然环境。在英格兰最贫困的地区，往往人们的健康状况最差，绿色空间明显少于富裕地区。在医疗保健和学校领域，尽管有一些开创性实践的优秀例子，但与自然接触以促进良好的心理健康或支持心理健康问题的早期干预所带来的益处往往被忽视。英国将使更多人更容易享受自然。

五、保护和改善全球环境

英国应当提高国际领导力，以身作则，来应对气候变化，保护和改善国际生物多样性。通过提供援助和支持，帮助发展中国家保护和改善环境，保护国际森林和可持续农业。通过加强可持续性和支持零森林砍伐供应链，在全球环境中留下更轻松的足迹。

　　英国与其他国家都生活在一个星球上，不能孤立于广泛的全球环境而只改善英国的环境，英国必须重视保护和加强这两者之间的联系。调节地球生态系统、陆地生态系统、海洋系统，使之存在于反馈循环中。

　　英国造成的污染可能会成倍增加，从而产生对英国不利的条件。有效的应对措施需要在全球范围内采取联合行动。英国希望确保热带雨林、珊瑚礁、丰富的野生动植物和自然世界令人惊叹的美丽生命能够生存下去并为后代的生计提供支持。

　　英国在工业战略中宣布的清洁能源增长大挑战将确保英国在考虑经济发展和提高生产力的同时应对这些挑战。

　　各地的环境压力越来越大。支持数十亿人的主要生态系统（如海洋）受到威胁。自然灾害、气候变化和灾难性环境退化会导致全世界的经济问题。污染没有国界，影响一个国家的土地、空气和水的排放可能对其他国家的生态系统和人类健康产生有害影响。

　　世界上最贫穷的人和国家往往是最脆弱的，可能受到自然环境退化的最严重影响，包括土壤、水、海洋、森林和野生动植物。气候变化和自然环境恶化是粮食不安全和不稳定的主要驱动因素，可能引发冲突和移民。

　　非法野生动植物贸易是利润丰厚的跨界犯罪，非法金额估计每年高达170亿英镑。非法野生动植物贸易不仅会杀死动物，而且破坏森林动物栖息地及清洁水资源。

　　实现全球变革并非易事。但是，通过展示国际领导力、支持发展中国家和减少自己的环境足迹，英国可以发挥真正的作用。由于利害攸关，需要与世界各国共同努力应对紧迫的挑战，英国将完全致力于这一最重要的事业。

参 考 文 献

高德武，刘瑞霞，杜岩，2001. 水土流失对农业资源的影响与保护开发对策［J］. 黑龙江水专学报，2：40-41.

金鑫，2012. 浅析水资源在人类社会发展中的作用［J］. 地下水，34（5）：103-105.

可持续流域管理政策框架研究课题组，2011. 英的流域涉水管理体制政策及其对我国的启示［J］. 水利发展研究，11（5）：77-81.

赖欣，孙桂凤，刘江，等，2012. 英国农业环境保护政策、措施及其启示［J］. 农业环境与发展，29（2）：16-19.

李薇，刘孝盈，徐炳丰，等，2010. 英国土壤侵蚀科学研究综述［J］. 中国水土保持科学，8（1）：113-118.

刘慧颖，黄永菊，苏爱华，等，2017. 英国农场践行农田生物多样性的农地利用方式［J］. 世界农业（9）：194-198.

刘坤，任天志，吴文良，等，2016. 英国农业面源污染防控对我国的启示［J］. 农业环境科学学报，35（5）：817-823.

童彤，朱莉萍，2019. 规划许可注重保护性开发：英国土地利用与管理政策看点［J］. 资源导刊（1）：52-53.

吴峰，2009. 英国农业技术创新路径分析［J］. 全球科技经济瞭望，24（8）：10-16.

徐克章，1999. 生物多样性及其在农田作物生产中的意义和作用［J］. 吉林农业大学学报，2：76-80.

杨帆，2010. 英国肥料管理、科研与技术推广带来的启示［J］. 磷肥与复肥（2）：3.

佚名，1983 世界及我国水土流失状况［J］. 水土保持科技情报（4）：37.

佚名，1999. 英国水资源管理着眼于可持续发展［J］. 世界科技研究与发展（3）：108.

佚名，2019. 英国推出农用塑料收集计划［J］. 塑料科技，47（11）：16.

应恩宇，2018. 论水土流失的危害与水土保持措施［J］. 黑龙江水利科技，46（7）：275-277.

张辉，崔泽民，宋玮，等，2016. 英国现代农业发展的启示与建议［J］. 中国农业资源与区划，4：62-68.

张贞奇，1992. 英国农作物秸秆综合利用［J］. 世界农业（2）：39.